U0472732

中国农村金融论坛
CHINA RURAL FINANCE FORUM

致力于开展农村金融调查与研究,引领农村金融理念突破与创新,推动中国农村金融改革与发展

中国农村金融论坛书系
CHINA RURAL FINANCE FORUM BOOKS

新世纪以来农村金融改革研究

谢平 徐忠 ◎ 著

中国金融出版社

责任编辑：张　铁
责任校对：张志文
责任印制：程　颖

图书在版编目（CIP）数据

新世纪以来农村金融改革研究（Xinshiji Yilai Nongcun Jinrong Gaige Yanjiu）/谢平，徐忠著．—北京：中国金融出版社，2013.5
（中国农村金融论坛书系）
ISBN 978 - 7 - 5049 - 6988 - 0

Ⅰ．①新…　Ⅱ．①谢…②徐…　Ⅲ．①农村金融改革—研究—中国
Ⅳ．①F832.35

中国版本图书馆 CIP 数据核字（2013）第 101262 号

出版	中国金融出版社
发行	
社址	北京市丰台区益泽路 2 号
市场开发部	（010）63266347，63805472，63439533（传真）
网 上 书 店	http://www.chinafph.com
	（010）63286832，63365686（传真）
读者服务部	（010）66070833，62568380
邮编	100071
经销	新华书店
印刷	北京市松源印刷有限公司
装订	平阳装订厂
尺寸	180 毫米 ×250 毫米
印张	11
字数	135 千
版次	2013 年 5 月第 1 版
印次	2013 年 5 月第 1 次印刷
定价	35.00 元
ISBN 978 - 7 - 5049 - 6988 - 0/F. 6548

如出现印装错误本社负责调换　联系电话（010）63263947

前　言

农村金融是支持和服务"三农"的重要力量,但农村金融是我国金融体系的最薄弱环节。长期以来,农村资金外流、农民贷款难、农村金融供给不足、市场竞争不充分、信用环境不好、农村金融机构效率低下、资产质量差、抵押担保物不足等问题,一直困扰着业界和决策层。

2003年6月,国务院颁布了《深化农村信用社改革试点方案》,拉开了新一轮农村金融改革的序幕。此后,政府部门出台了一系列优惠政策和改革措施,投入了大量资金,农村信用社、农业银行、农业发展银行、邮政储蓄等机构先后进行改革。农村金融市场开放迈出了重要步伐,全国范围内兴起了村镇银行、小额贷款公司、农村资金互助社等新型农村金融机构。农村金融的产品和抵押方式等创新也层出不穷。

到2013年,这一轮农村金融改革已经走过了十个年头,取得了很大成绩,也暴露了不少问题,更有大量经验教训需要总结。我们认为,在这个时点上,有必要认真梳理、回答三个问题:这一轮农村金融改革的思路是如何形成和演变的?改革的实际效果如何?下一步改革如何进行?作为对这三个问题的回答,本书汇编了我们新世纪以来对农村金融改革的五篇研究报告和论文,其中前四篇均已公开发表。

第一篇《中国农村信用合作社体制改革的争论》发表于2001年，综述了农村信用社改革中的一些核心理念问题。

第二篇《农村信用社改革：我们做了什么？我们还需要做什么？》发表于2006年，通过大量调查研究，分析到当时为止，农村信用社改革试点在"花钱买机制"并最终建立商业可持续的发展模式方面做了什么，还需要做什么。

第三篇《大型商业银行服务"三农"的模式研究》发表于2010年，全面分析了大型商业银行服务"三农"要解决的信息问题、分权问题和激励问题。

第四篇《公共财政、金融支农与农村金融改革》发表于2006年，在对贵州省的调查研究的基础上，分析了贫困地区农村金融机构的经营环境、经营行为以及金融支农的实际效率。

第五篇《中国农村金融改革十年得失》是2013年完成的中国农村金融论坛课题报告，全面回顾过去十年的农村金融改革措施，评估政策的有效性，旨在明晰农村金融改革十年的得与失，为今后的农村金融改革明确方向、提供参考。

我们希望这本书对读者了解农村金融改革有所裨益。需要说明的是，本书反映了我们在相关问题研究中的学术观点，不代表我们所在单位或中国金融四十人论坛的立场。受研究能力和时间所限，本书的疏漏与错误在所难免，请读者谅解，并提出宝贵意见。

谢 平 徐 忠
2013年5月1日

目 录

第一篇　中国农村信用合作社体制改革的争论（2001年）……… 1

　一、合作制要不要坚持？……………………………………… 3

　二、农村信用合作社改革要兼顾解决农村金融体制
　　　一揽子问题 ………………………………………………… 7

　三、农村信用社组织模式是否需要全国统一？…………… 11

　四、农村信用社行业管理体制选择 ………………………… 13

　五、农村信用社业务的多元目标冲突 ……………………… 15

　六、如何看待农村信用社的历史包袱 ……………………… 17

　七、破产约束失灵和道德风险 ……………………………… 19

　八、如何理顺地方政府和农村信用社的关系 ……………… 21

**第二篇　农村信用社改革：我们做了什么？我们还需要
　　　　做什么？（2006年）**…………………………………… 23

　一、农村信用社改革试点与"花钱买机制" ………………… 25

　二、资料来源 ………………………………………………… 28

　三、农村信用社管理模式的选择与改革试点的实施 ……… 30

　四、农村信用社的股权结构与治理结构 …………………… 34

　五、农村信用社的绩效 ……………………………………… 44

　六、支持"三农"与农村信用社改革 ……………………… 47

　七、农村信用社的监督和管理 ……………………………… 53

　八、农村信用社改革方案总体评价 ………………………… 56

九、农村信用社的改革方向 …………………………………… 60
　　十、初步结论与政策建议 ……………………………………… 61

第三篇　大型商业银行服务"三农"的模式研究（2010年）… 71
　　一、引言 ………………………………………………………… 73
　　二、文献综述 …………………………………………………… 74
　　三、理论分析 …………………………………………………… 77
　　四、实证分析 …………………………………………………… 86
　　五、小结及政策建议 …………………………………………… 92

第四篇　公共财政、金融支农与农村金融改革（2006年）…… 95
　　一、贫困地区农村金融机构的经营环境 ……………………… 98
　　二、农村金融机构的经营行为 ………………………………… 101
　　三、金融支农的实际效率 ……………………………………… 105
　　四、政策建议 …………………………………………………… 107

第五篇　中国农村金融改革十年得失（2013年）……………… 111
　　一、农村金融改革历史回顾 …………………………………… 113
　　二、2003年后的农村金融改革实践及评价 ………………… 114
　　三、农村金融改革的评价与分析 ……………………………… 137
　　四、未来农村金融改革的思路与建议 ………………………… 153

参考文献 …………………………………………………………… 165

附录　中国农村金融论坛简介 …………………………………… 169

第一篇

中国农村信用合作社体制改革的争论（2001年）[1]

---

[1] 本篇的摘要版发表于《金融研究》2001年第1期。

中国的农村信用合作社是一种特别的金融机构，也是一种特殊的制度安排。20年来，农村信用合作社体制几经变革，但全部门业绩未见好转，金融界对此多有争议。最近农村信用合作社改革再次成为我国金融改革的焦点。笔者在此就几个相关问题发表看法，以活跃争议。

一、合作制要不要坚持？

根据国际劳工组织（1994）定义，合作社是一个自愿组织在一起的民主的组织形式、一个具有共同目标的协会。社员同等出资、共同承担风险、共同受益，并积极参与其活动。

国际公认的"合作社7原则"成型于1995年国际合作社联盟100周年曼彻斯特会议，源自1844年Rochdale公平开拓者协会7原则和1966年国际合作社联盟4原则。主要内容是：自愿与开放原则；民主管理、一人一票原则；非赢利和社员参与分配原则；自主和不负债原则；教育、培训和信息原则；社际合作原则；社会性原则（史纪良，2000）。具体到我国的合作金融定义上，根据1997年版《农村信用合作社管理规定》（以下简称"1997规定"），合作制可理解为"由社员入股组成、实行社员民主管理、主要为社员提供金融服务"；1998年的《国务院转发中国人民银行〈关于进一步做好农村信用合作社改革整顿规范管理工作意见〉的通知》（国办发〔1998〕145号，以下简称"1998方案"）基本沿用"1997规定"的定义，把合作制原则解释为"自愿入股、民主管理和主要为入股社员服务"。因此，无论国外国内，合作金融的基本经济特征应该统一表现为四项内容：一是自愿性；二是互助共济性；三是民主管理性；四是非赢利性。以上特征表明，合作金融机构在理论上似乎更接近准政府型的公共机构：由成员自行决定参与与否；无论股份多寡实行一人一票制，而非通常竞争性机构的一股一票制；没有自己独立的效用函数，而是各成员效用函数的累加。

作为具备公共组织性质的信用合作社（在此，即非赢利性）与市场参与主体的个体利益最大化（在此，即赢利性）似乎是相矛盾的。但是，任何制度供给必然对应某种制度需求。从西方国家信用合作社的发展史看，信用合作社的产生主要不是源于单纯的融资需求，而是来自"在正规资金市场（如银行信贷、发行证券融资）上受到差别待遇的中小经济个体以利他（互助）换取利己（融资）"的现实可能性，其根源是交易意识和降低交易成本的动机（信用合作社社员往往无法提供银行信贷必要的抵押品，也无力寻求担保；由于规模狭小，获得纯信用贷款更难。因此，资金需求无法满足。而且，即便金融机构可提供资金，中小机构往往需要提供更多的信息说服银行，需要等待更长的审核时间。因此，交易成本很高）。信用社的产生就是这种条件下的产物。从交易成本角度看，信用社得以维持的关键是社员之间的"信用"，单个农民与商业银行的交易行为（如资信评估抵押担保等）的外部成本显然要高于农民与信用社之间的交易成本（胡祥苏，2000）。

我国农村地区一直存在中小经济个体（农户和个体经济户）的融资需求，且同样在信贷市场上受到差别待遇，可以说存在在融资层面互助合作的现实需求。即使"1997规定"从事实上推翻了《国务院关于农村金融体制改革的决定》（以下简称"1996方案"）把"已经商业化经营的农村信用合作社，经整顿后可合并组建农村合作银行"的设想，"1998方案"又进一步明确"按合作制规范"的基本发展框架，但是我国正规的合作金融从来就没有真正存在过。这是因为，一系列制度安排导致现存合作金融并没有减少交易成本，也没有真正符合合作制原则。

首先是自愿性原则，依靠行政力量强制捏合式的"合作制"不是真正的合作制；尽管当局的意图是指望个体（农民或社员）互助共济。

关于"自愿"，存在狭义和广义两种定义。狭义定义认为每一次合同签订都应严格自愿（Friedman，1962，1980），由此保证市场机制运行。广义定义认为"不交易的自由"比"交易的自由"更重要（Macpherson，1978，1985）。我国的合作经济组织恰恰不具备"不交易的自由"。

不仅仅是当前的农村信用合作社，回顾历史，从当年的人民公社（生产合作制）到目前名存实亡的供销合作社，基本上都是以行政指令强制组合而成的名义的合作组织。强有力的事实证明，中国没有一种合作制机构真正成功过。前几年农村信用合作社"扩股"过程中，人民银行职工上门劝说，还要承诺开社员大会有"免费午餐"，农民才拿出50—100元"股金"。"自愿性"真正体现在"退社自由"上，而全国4万多个农村信用社在过去5年内没有退社的例子。

其次是互助合作性原则。理论上，只要社员共同出力，人民公社未尝不能丰产，供销社未尝不能演化为当前盛行的"会员制超市"。即不管是否强制捏合，只要社员间互助合作，合作制照样可以生存发展。问题就在于强制性很难造就互助合作。一旦农民别无选择地与本不愿合作的人合作，或者不能自愿选择合作对象，通过利他实现利己的可能性极低。

农村信用合作社从诞生之日起就从来没有真正实行过合作制。一度农信社由国家银行（农业银行）领导和管理，实际上是农业银行的基层机构（李剑阁，2000）。过去5年，农信社与社员之间的贷款程序与商业银行基本相同，贷给谁、贷多少、抵押担保程序，均由农信社主任说了算，非社员贷款比重也在30%—50%。所以农民从来不认为信用社是一种农民的互助性合作金融组织，而是把信用社当作政府部门（或国家银行）的某类附属机构。

再次是民主管理性。与我国农村地区经济欠发达相关联的是产权观念的模糊和乡政府行政经济事务的不透明操作。本来，合作制7原则中的一人一票原则和信息原则可以确保普通社员参与监督甚至决策，通过"均等的股金份额"以实现权利平等是合作社的重要制度特征（Stephen，1984），但是我国的所有合作制机构似乎从来没有出现过真正的民主管理。原因在于三点：一是对所有权和社员基本权利没有法律保证，农村基层政府仍然主管一切经济活动，谁权大谁说了算，民主选举只是流于形式。二是缺乏透明度。缺乏透明度使民主管理无从管起，比如信用社主任的提名程序和财务从来就没有真正对社员公开，甚至就没有财务公开的监管要求。在许多信用社和乡镇企业（也算一种强制入股机构），很多不规范行为在明火执仗地进行，比如有的信用社主任的全体家庭成员都在信用社供职，显然属于公开信息。但是为什么明明不合理，所有者（社员）却无动于衷呢？因为个别社员的公开挑战权威必然会带来负收益（如得不到贷款），而放任的损失只是小额股金。所以想在信用社实现民主管理也是不可能的。三是在目前的会计、管理框架下，全体社员监督信用社的成本过高，社员也不愿意为自己50元股金花工夫监督。

由于合作制本来就是依靠行政力量自上而下推动的，其内部人员配置和经营决策顺理成章地带有行政决策色彩。

最后是赢利性问题。真正的合作金融机构应"主要为社员服务"，不以赢利为主要目标。既然社员不能真正合作，又缺乏民主管理，农村信用合作社改变经营方略势在必行。当前的实际情况是，根本不存在真正"非负债性"农村信用合作社，绝大多数信用社在从事商业银行业务，搞负债经营。基于上述制度背景，以赢利为经营目标倒未尝不是符合现实的次优（second best）选择。农村信用社追求赢利目标是上述全部特征导致的唯一可能结果。就社员讲，既不能真正自愿选择入社和入什么社，又无法真正享受互助合作的好处，只有希望信用社在其他经营渠道上想办法。就信用社主任和职工而言，他们以经营为职业，信用社盈利，他们的收入增加；就算信用社不盈利或亏损，他们的基本收入也有保证，"大锅饭"和"官本位"体制基本没变。就管理制度讲，既然社员不具备民主管理权力，只有演变为类似股权分散化的股份制金融机构，依靠吸收存款、发放贷款以壮大自身并转向银行类金融机构也不失是合乎逻辑的选择。

归纳以上观点，笔者认为，合作制是一种产权制度或企业制度，它需要一系列的前提条件。中国近50年来就不存在合作制生存的条件，在当前的制度背景下，现有农村信用社体制确实不具备向真正合作制过渡的可能性。现在看来，"1997规定"和"1998方案"不切实际。在是否坚持现存农村信用社的合作制问题上，我们只有两种选择：要么继续听任农村信用社保留"合作"之名，行银行之实，使合作制成为空话；要么放弃"按合作制规范"的设想，给农村信用社重新定位。

二、农村信用合作社改革要兼顾解决农村金融体制一揽子问题

回顾20年来的农村金融改革，我们的最大问题就在于没有根据农村金融的现实需求，全盘考虑农村金融体制构建的一揽子问题。

到2000年底，唯一全面指导我国农村金融体制建设的规范性文件还只是"1996方案"，从当时情况看，"1996方案"认识到"农村经济发展的多层次，要求（形成一个能够提供）……及时有效金融服务的体系"，并提出了以"建立和完善以合作金融为基础、商业性金融和政策性金融分工合作的农村金融体系"为农村金融改革

的指导思想，甚至提出了建立"各类农业保险机构"的前瞻性构想。可以说，"1996方案"直到4年后的今天还是有充分现实意义和思考价值的，问题是在操作上没有真正落实。农村金融体制绝对不仅仅是农村信用社一家的问题。

国务院在4年前就对农村经济发展作出了"在广大农村形成了贸、工、农综合经营的格局"，并随之提出要建立一个多层次的农村金融机构体系。但是，1996年以后的农村金融制度供给方面似乎朝着与改革既定方针相反的方向发展，其中既有1997年亚洲金融危机爆发后中央加大整顿金融秩序、防范金融风险的决心和力度，逐步使国有商业银行退出县域的战略调整因素，也受到各商业金融机构加强内控制度建设，不愿进入低收益产业、低收益地区的影响，致使农村金融市场出现在机构上以信用社为单一模式、在业务上以存贷款为单一内容的局面。

直观地看，农村地区的金融需求绝不仅仅是存贷款，供给部门也绝不能仅仅是农村信用社。即便对于经济落后地区，由于农村居民缺乏畅通的对外沟通渠道，对现代金融服务缺乏感性认识，也不能就此认为需求不足。比如对高寒草原地区的畜牧业而言，自然灾害保险的潜在需求一定存在。另一方面，某些金融服务，如代收代付、转账结算、证券委托交易等，只有在提供的过程中才能让居民和企业发现其方便快捷的好处，才能激活潜在需求。"供给会自行创造需求"的萨伊定律在农村金融中会发挥作用。在机构设置上，既要避免形成独家垄断格局，以保持竞争性，又要充分考虑未来几年电子信息和通讯技术在我国农村广泛运用的可能性。

农村金融机构体系必须实现多样化，在兼顾各地区需要与可能的前提下，必须建立包括政策性银行、商业银行、信用社、商业保险公司和证券机构在内的多层次机构网络；提供包括存贷款、证券融资、证券交易、财产、人寿和再保险和支付结算等中间业务在内的多样化金融工具。

中国20年金融改革呈现"重城市、轻农村"的特点，城市居民受到的金融服务远高于农民。当然，金融服务不是公共品，但农民有权利得到最低限度的金融便利。因此，政府要根据我国金融业发展趋势提出农村金融体制构建的一揽子规划，并予以一定的政策支持。

在目前的情况下，推行我国农村一揽子金融体制改革必须考虑以下难题：

第一，农村信用社是"主力军"，但又不能独家垄断。无论将来信用社采取何种组织形式，如果一个县（市）只有一家机构并形成乡级分支网络，独家垄断经营会导致服务质量下降、不良资产增加。但如果竞争过于充分，信用社显然坚持不住，亏损就难免。所以，在我国农村金融一揽子改革中，目前还没有好办法实现竞争、效率、垄断和基本盈利之间的平衡。

第二，农村的邮政储蓄网点怎么办。近来对我国邮政储蓄弊端的议论不少（李玮，2000），相当一部分邮政储蓄存款（约30%）来自农村，靠在人民银行的转存款利差养了一大批职工。邮政储蓄机构对信用社和农业银行在存款方面形成竞争压力，有助于促进效率，但我国这种邮政储蓄机构模式非长久之计，而且邮政储蓄终究是从农村抽出资金而无注入。现在部分邮政储蓄资金由中央银行通过再贷款给农村信用社，实际上是一种补贴。

第三，农业银行的县以下分支机构（营业所）怎么办。如果与信用社合并，就形成独家垄断格局；如果保持现有竞争状态，相当部分农业银行营业所达不到规模经济，会增加农业银行亏损，也不利于自身的商业化改革；如果农业银行撤并过多县以下分支机构，也会形成信用社垄断，而且损失很大。

第四，农业发展银行县支行怎么办。农业发展银行的模式、成本和县级机构至今仍是金融界争论的课题。中国农村政策性金融究竟包括哪些业务，哪些业务由独立机构办理，哪些业务由商业性机构代理，政策性金融业务的操作程序、贴息机制、代理监督等问题，经过八年实践与争论，应该有明确的决断。而且，随着粮食流通体制改革的深化，随着西北部分地区"退耕还林"，有必要把农业发展银行县支行放入农村金融一揽子改革中通盘考虑。

第五，农村的证券、保险机构将来如何布局。目前绝大多数农村县及县以下没有证券交易网点；财险代理机构有一些，但寿险的代理机构（或代理人）基本没有。农村证券、保险构成农民的基本金融服务需求的组成部分，市场潜力很大。

农村证券、保险业务发展，是采取专门机构模式，还是代理机构模式，必须早作决断。这里不仅涉及"分业经营"和"综合经营"等体制性大问题，而且还要充分考虑电子信息和远程通讯技术快速发展的可能性。如果允许全面代理，现有农村信用社（或农业银行）的业务范围扩大，盈利空间也扩大，但垄断问题解决不了。如果政策性金融业务、邮政储蓄、证券、保险、存贷款业务都集中于一个机构办理，成本可能会大幅度下降，但监管问题难解决。

第六，人民银行县支行的职能转变。必须调整"人民银行县支行的职能仅在于监管农村信用社"的一般认识。从广东、江苏、浙江等高度城市化的县域金融构成看，已经出现了金融机构、业务、模式多样化的情况。这就要求人民银行县支行必须充实监管力量，掌握完备的监管技术。

总之，农村地区单一机构、单一工具的金融格局必须改变，但是由于农村地区的收益率相对较低，发展水平又存在较大差异，多样化进程要求必要的技术和制度保障；即便条件成熟，也可能出现非平滑演进路径。既然农村金融体系必须改变，我们就必须承担必要成本，特别重要的是：对成本要有心理准备。

三、农村信用社组织模式是否需要全国统一？

对农村信用社组织模式的定位，目前存在多种设想，多种争议。第一是"江苏模式"，即按照"一县一社、统一标准"的原则，把原来信用社为独立法人的体制改制成县为统一法人的体制。第二是"合并模式"，根据农村信用社主营目标的最后界定，如果继续以商业性金融业务，特别是存贷款为主，则并入农业银行；如果以支持农业、农村经济、农民（三农）的政策目标为主，则并入农业发展银行。第三是"联合重组模式"，实行农业银行和农村信用社的捆绑式重组，把县及以下农业银行和农村信用社统一重组为农业银行集团控股的股份制农业信贷银行，并组建新的农业银行集团，实行控股管理。第四是"单一重组模式"，仅对农村信用社进行重组，以地（市）或县（市）为单位建立独立的农村合作（股份制）银行。该思路基本沿用"1996方案"。第五是"单一社体制模式"，继续坚持现存农村信用社的乡级单一社机构格局，通过清产核资、加强管理和给予若干优惠政策，使其摆脱困境。第六是"权力下放、多元模式并存"，把组织模式的选择权下放到地方和信用社自身，不搞"一刀切"，由各省、地、县根据自身实际，选择或重组为商业银行，或合并为县、地统一法人，或并购其他类型金融机构，或独立保留，或并入其他类型金融机构。

组织体制采取何种模式并不重要，关键在于产权模式的统一。如果在产权制度上放弃合作制而同意走向股份制，组织模式可以多样化。在此，股份制产权必须符合标准意义：即第一，所有者必须具备真正的监督权力，尽管可能存在信息不对称，但各种明目张胆的不合规行为可以被适度抑制；第二，作为股份制法人组织，它应该具备自主选择权，可以在融资、产权市场进行所有合乎法规的操作。在组织模式问题上，我们应该突破两个传统思想框框：一是力图在全国采取单一模式，越规范越好。如果说城市经济具备较大共性，主要为城市服务的商业银行、非银行金融机构还可以按统一组织模式套的话，农村经济在发展程度、经营模式上的差别将使统一模式的操作成本变得极其高昂。二是各取所需，将造就很高的交易成本、外部性和相应的监管成本。各地根据自身情况，往往很容易找到足够的实例证明某种模式是如何适应或如何不适应自身发展，力图影响统一模式的选择。因此，各地区为影响中央决策，谈判、争夺所付出的代价极高。而一旦中央圈定某种模式，又必然造成给本不适合该模式的地区带来外部性。因此，我们不妨换一种思路考虑问题。

第一，如果一定要选择某种单一模式，产权上是股份制、所有者结构上是以自然人为主、操作上是市场行为、机构上属于存款类银行就足够了，至于是否与其他金融机构合并，与哪个金融机构合并，是否并购或并入其他金融机构，应由所有者和主要当事人通过谈判自行决定。关于"存款类银行"的概念，前文已经说过，农村信用社在事实上具备银行性质。基于该现实，"1997规定"在"总则"第一条就清楚表述为，"根据《中华人民共和国商业银行法》"制定行业管理规定，因此它的实质是银行。

第二，如果在产权上选择了标准意义上的股份制，在逻辑上，只有"权力下放、多元模式并存"是与这种产权结构相容的。这是因为，如果是股份制法人，尽管在经营业务上受监管当局管理，但在组织形式上必须具备自主选择权，就会出现各地区、各信用社根据自身实际需要选择组织形式的情况。反过来，如果存在某个权威主体代行所有者选择职能，那么就不是真正意义上的股份制。

第三，组织模式并非不重要，现代金融和信息技术的发展，客观要求机构网络化、业务多样化、支付信息化。在现有表内业务大面积出现问题的前提下，基本上无风险的中间业务可能成为中小金融机构的突破口。但是要从事中间业务就必须具备一定的规模和网络。所以，农村信用村改革应按如下步骤进行：第一步，在产权上实行统一的自然人持股的股份制模式；第二步，实现真正股份制改造的农村信用社自行决定组织模式，可以在同一地（市）内从农村信用社发展出银行和非银行金融机构；第三步，通过利益诱导而非行政指令实现多种形式的规模化。

第四，在组织模式选择上，对部分重要体制性和技术性问题要有远见。比如，当前的农村信用合作社在体制上不属于商业银行，尽管它实质上属于存款类金融机构，但不受《商业银行法》管辖。那么它是否可以并购或改组为证券公司或其他非银行金融机构的分支机构？能否形成跨地区网络？如果可以，农村信用社改革可能成为事实上的金融业综合经营的起点（参见本文第二部分），这对人民银行监管提出了新课题。

四、农村信用社行业管理体制选择

在农村信用社行业管理体制问题上，一直存在条块争论，且"拉大条条"论占主流地位。目前基本有四种模式可供选择，其中三种属于纵向管理。第一是"供销合作社模式"。这是一种紧密型行业管理模式，总社相当于国务院直接管理的准政府机构。该模式套用到农村信用社的政策含义在于：建立直属国务院或由中央银行代管的全国联社，统一管理全国信用社的经营方针。第二是"全国协会模式"，属于相对松散型行业管理，但行业协会也类似准政府组织。第三是"美国模式"，存在独立的监管机构和独立的存款保险基金。1970年3月成立的美国全国信用社管理局独立管理信用社，操作全国信用社存款保险基金，并直接对国会负责。第四是

"省联社模式",属于半条半块的紧密型行业管理;就当前农村信用社以乡镇为单位、联社以县为单位的布局看,省级组织属于纵向管理;就全国看,又具备地区性质;由于是联社,必然是紧密型的。

全国的农村信用社行业管理体制究竟要不要,必须基于以下考虑:

第一,考虑到我国农村信用社松散、多特征、多样化的现实条件,全国性纵向行业统一管理模式不可能管好信用社的经营行为。国有银行在商业化过程中之所以要逐步收缩网点,问题就是在于信息双向传导过程中的失真、交易环节越多交易成本越高,以及指令传递环节越多失真的概率越高等三方面基本原因。因此,没有必要引进已经被事实证明不可行的机制。

第二,考虑到我国各种行业管理机构的运行现状,紧密型管理的制度弊端是显而易见的。紧密型管理意味着权力的集中,而缺乏监督的权力集中意味着官僚主义、低行政效率和寻租行为。美国的统一监管基于国会所设专门委员会的有效监督和透明度等基本制度条件。问题还不仅在此。紧密型管理体制几乎必然造成行政管理权对所有权的侵犯,比如信用社主任的提名权、经营方向的主导权等重要权限一旦在事实上集中到行业管理机构,农村信用社就注定成为大面积亏损行业。

第三,行业管理实际上就是形成利益集团。行业管理部门对内(对信用社)的行政管理权构成上级对下级的约束,从而使信用社的主要精力用于应付上级而不是为社员服务。行业管理部门对外是本行业谈判代表,以争取行业利益为目标。国家经贸委于2000年取消了钢铁、纺织等8个行业管理局,从侧面提出了行业管理与政府监管是否有必要分开的问题。

第四,行业管理在农村信用社改革步骤中应服从于信用社组织体制选择。如果各地信用社组织模式实现多样化,甚至合作制不复存在,那么全国性行业管理组织又该如何?合理的顺序(sequencing)是实施低成本改革的关键,只有在先确定信用社机构组织模式的基础上,才能考虑行业管理问题,要避免先设机构后改革(先污染后治理)的倾向。

因此,我国的农村信用社是否有必要建立统一的全国性行业管理组织是值得继续讨论的。比较现实的方式是在信用社自愿基础上自行组建自律性行业协会,协调相互间竞争、资格培训、会计标准、收费标准等问题,证券业协会是个可资仿效的实例。

五、农村信用社业务的多元目标冲突

农村信用社经营绩效低下的一个重要因素是多元目标冲突。缺乏单一目标的金融机构必然造成经营思维混乱和经营者的机会主义问题。

目前农村信用合作社的主要经营目标:第一是合作制目标,即主要为社员服务原则;第二是政策性目标,即支持"三农"目标(农村、农业和农户);第三是多数农村信用社追求的赢利性目标;第四是作为金融机构为防范金融风险、提高市场占有率、扩大业务品种范围而追求的规模经济目标。

多目标会造成农村信用社经营和管理中的机会主义问题。在呆账贷款增加或亏损严重时,不是主要从自身管理寻找原因,而是倾向于表白自己所承担的政策性义务和非赢利性,与监管当局讨价还价。

实际上,为社员服务、"三农"目标和赢利性并不必然矛盾,有证据表明,农户贷款质量比乡镇企业贷款要好得多。问题在于,中国任何经济组织一旦肩负必须承担的政策性义务,又允许它们追求经济效益,其道德风险必定造成亏损并无止境地要求财政补贴。

比如现在就有一种很流行的观点：对于农业银行的经营性亏损，国家给予剥离3 000 亿元不良资产；农村信用社多年为"三农"服务，国家应该给更大补贴。这种观点在逻辑上没有错误，但却不利于农村信用社强化管理。为社员服务、支持"三农"和"扭亏为盈"这三重目标约束，最终还要落实在"规模经济效应"上。如果坚持政策性目标，势必放弃赢利性目标；如果主要为社员服务，在现有小规模所有者群体格局下，规模经济是很难达到的。即使是规范的合作制，与规模经济也是冲突的。合作社的优势在于低信息（交易）成本，但是小范围的信息资源（local information pool）、信任资本（trust capital）和自我雇佣（self-employment）在减少摩擦和监督成本的同时，天然地具有只能在小规模、小范围经营的特性（Bonus, 1986）。因此，试图同时达到多个目标的行为往往无解。在现实中，多数农村信用社的做法是放弃其中的一个或几个目标，只按部分原则安排经营。

1999 年的数据显示，全国有独立核算的农村信用合作社39 515 个，资产总额14 329.19 亿元，负债总额14 413.67 亿元。按正式职工65.4 万人计算（另有8 万临时工和20 万代办员），人均资产为219.1 万元，但人均年度费用却达到41 811 元，比上年增加2 787 元。按资产年收益率2%（全国金融机构1999 年度资产收益率仅为1%）计算，还是全行业亏损，这就是简单的规模经济定量。目前农村信用社人均资产规模不到我国商业银行的一半。

明显的规模不足状态，以及收支处于过度不对称状态给我们以下启示。第一，地理限制和政策限制约束了农村信用社的规模经济发展。以乡镇为地理单位、业务单一、缺乏网络，加上为"三农"服务的政策性要求，使农村信用社只能局限在狭窄的生存地域中。由此造成的业绩低下问题使农村信用社一直面临生存问题，更无力实现合作目标、政策目标和赢利目标。第二，从过高的人均年度费用指标可以看出，层层管理和吃拿信用社是体制问题，甚至成为部分人员的常规收入；而人员和机构精简在20年改革中已经被证明是最难处理的问题，任何压缩要么导致甲地压缩、乙地膨胀，要么导致社会矛盾激化。在农村信用社不具备真正股份制产权特征的背景下，减员增效固然是一个办法，但可能成本太高，效果却未必明显。第三，换一种思路，如果农村信用社能够达到一定规模，纯经营性盈利能够随规模递增而上升，一定程度的吃拿不会造成对经营层面的全面影响，这也不失为一种次优选择：当体制无法保证契约完备实施时，或者说当契约无法界定全部内容时，理性的选择是追求规模经济，尽量做到不被吃垮拿垮。

因此，无论农村信用社是赢利也好、合作也好，必须首先解决规模经济问题，以达到盈亏平衡点。这里必须指出的两点是：第一，即便人员可以无痛裁减，没有来自行政的或裙带（crony capitalism，Krugman，1998）的制度缺陷，规模经济同样是应该追求的目标。第二，允许吃拿制度下的规模经济实际上是一种转移支付安排，把本应该属于所有者的收益权利部分地赋予了"有关"人员，在纯微观经济意义上这不成其为问题，但在制度意义上，它会造成打击所有者积极性，不利于"市场原则"的真正树立；而尊重法定权利是市场得以正常运行的根本。因此，根本还是要变革微观上所有权被频繁侵犯的制度。

六、如何看待农村信用社的历史包袱

对农村信用社的历史包袱问题要客观看待，主要是防止片面夸大历史包袱的影响。历史包袱的本质也是制度问题，可以具体区分为两种情况：一是不合理制度造成的资产质量问题，如行政干预、指令贷款支持乡镇企业等；二是制度转换过程中产生的新呆账，如

行社脱钩过程中的资产分割与划转，国有银行资产剥离过程中形成的借款人道德风险问题（主要表现为逃废本来可以偿还的贷款，寄希望于剥离）。在理论上，只要属于历史包袱，就应该由政府负责。但是在操作上存在两个问题：第一是计量问题。历史包袱是很难计算清楚的。目前通常所说的"历史包袱"包括三部分：农业银行和信用社脱钩时遗留的呆账、保值储蓄的贴补支出、合作基金会带进的呆账。1996年以后的不良资产该由谁负责是一个难以说清楚的问题。第二是道德风险问题。我们不能排除部分农村信用社利用监管当局与自身的信息不对称，把正常的市场风险和经营管理能力不足造成的呆账归结到历史包袱中去的倾向。

回答了怎么看的问题，就必须解决怎么办的问题。

首先，资产剥离属于非常手段，不能常用。它之所以是非常手段，就在于频繁使用必将导致如下恶果：进一步降低本来就十分脆弱的社会总体信用水平，金融机构和企业都希望国家承担自身经营造成的风险，都想吃免费晚餐。同时，单个信用社贷款量很小，不可能将不良资产集中起来处置。

可以考虑"一次性"补偿措施。鉴于无论国有银行还是农村信用社都在强调历史包袱问题，结合国有企业改革和1999年内在全国各地普遍进行的资产与盈利状况真实性调查，一次性谈判决定历史包袱额度，由中央和地方财政按比例一次性补偿。这样做虽然一次性支付较大，但可以一劳永逸地解决历史包袱与现实经营夹缠不清的道德风险问题。辅助性的解决措施还有：向信用社返还农村邮政储蓄、增加央行再贷款、进一步扩大利率浮动幅度、提高呆账准备金比率、减免营业税等。

"历史包袱"是信用社改革和农村金融体制改革绕不过去的一道难题，但对待和处理历史包袱问题需要耐心和决心。用当期成本去解决"历史包袱"是件痛苦的事情，震动最小的办法是绕过最难的改革，留待今后处理。但这属于不负责任的行为。日本、韩国的金融危机就是监管当局对不良资产缺乏处理决心造成的，最后对此支付的成本可能大大高于发现苗头就及时加以解决的情形。解决"历史包袱"必须与体制彻底改革相结合，要作为切断旧体制的代价，而不能造就任何新的道德风险。

七、破产约束失灵和道德风险

无论是《商业银行法》、"1997规定"还是人民银行近期监管实践都证明，对应该实行市场退出的金融机构实行关闭是有理有据的。因此，对一般金融机构而言，破产是一个强约束；破产意味着法人生命的终结，也就意味着各相关主体（包括中央、地方政府、股东、农村信用社人员）各种权利的终结。但现实情况是，监管当局对农村信用社一直采取保护措施，对机构关闭持谨慎态度。这是由两个方面的原因造成的：一是市场结构因素。随着国有商业银行逐步撤出县及以下地区，广大农村地区的融资供给基本由农村信用社承担；对经营不善的信用社实施关闭，势必出现农村金融市场供给主体缺位问题。在改革开放和市场经济建设20年后的今天，局部金融市场出现供给缺位，并由此导致在金融服务领域形成"短缺经济"是不可想象的事情。二是方针政策因素。当前的方针是："农村信用社是最好的联系农民的金融纽带"，要"使它成为新形势下农村金融的主力军"。如果我们对农村信用社实施关闭，势必在事实上切断农民的金融纽带，解散农村金融的主力军，金融支持"三农"就无从谈起。由于农村信用社主要吸收本来就属于低收入阶层的农民的存款，在没有存款保险机制的情况下，农村信用社大面积市场退出可能直接意味着农民作为一个阶级的破产，是国家无法承受的。只要农业还是基础产业，农民还构成国内居民的主体，农村经济还是中国经济工作的重点，对信用社实施关闭就不仅仅是单纯的市场问题，而更是一个政治问题。因此，在农村信用社的经营管理中，破产约束是失灵的，即不存在真正的市场操作原则。

在破产约束失灵的前提下，道德风险问题可能变得非常严重。综合全国农村信用社的情况，道德风险可以在三个层次同时发生。第一是地方政府层次。它们意识到"三农"是关系国家稳定大局的问题，农村信用社必然受到保护，因而倾向于对农村信用社采取杀鸡取卵的办法，除了指令贷款还要征收高额税费，因为中央早晚会另送一只"产蛋鸡"或给予补贴。第二是农村信用社自身层次。同样，基于不可能关闭的预期，农村信用社普遍不关心如何真正提高管理水平。管理水平的低下绝不能仅仅以农村地区知识水平低、人员素质差加以搪塞，而应该寻求现象背后的体制因素。正是因为破产概率为零，信用社决策者才敢于安排关系人员而非真材实学者进入领导和信贷岗位。即便农村信用社主任、信贷和风险管理人员（如果有的话）确实懂得现代金融业务，在不破产预期下，不能指望他们会尽力规避风险，寻求资产质量状况的根本好转。第三是借款人层次。还是基于不破产预期，他们比较容易说服信贷人员放宽条件，本是正常贷款可能逾期，逾期的变为呆滞，呆滞变为呆账。因此，农村信用社整体资产质量低下，一个重要因素是上述"破产约束失灵下的三层次道德风险问题"。

既然破产无法起到约束农村信用社运作的目的，监管当局就只剩下两条道路来维持该行业运行和市场稳定。第一是"非常严格的监管"。事实上我们一直没有放松过监管，甚至在2000年还搞过大会战式的真实性检查。但是大会战不可能一直进行下去，特别是在人民银行县支行现有的监管力量，能完成常规阵地战就不错了。因此，所谓非常严格的监管等于什么也没说。第二是存款保险制度。规范的信用合作社作为一个行业，需要存款保险制度；完备的存款保险制度在保护存款人的同时使信用社的市场退出成为可能。但是，许多技术问题限制了存款保险制度的建立。例如，是设立包括农村信用社存款保险基金在内的统一存款保险体制，抑或参照美国体制，实行独立的存款保险基金？统一的好处是，有助于监控和处置风险较高的农村信用社；坏处是进一步提高其道德风险，并打击运行良好的其他银行类机构的积极性。单一的信用社存款保险基金可解决道德风险问题，但是在当前大面积风险的情况下，保险基金可能不敷使用。因此，无论统一还是独立，对存款保险机制的作用不能预期过高。即便存款保险机制是有效的制度，毕竟在当前一切还无从谈起，而农村信用社经营问题却是客观存在的，远水不救近火。

八、如何理顺地方政府和农村信用社的关系

无论农村信用社采取何种机构模式，均是地方性金融机构，都逃不脱与地方政府的关系。目前需要一种激励相容的制度安排，使地方政府把农村信用社看作当地农村经济发展的重要因素，用优惠政策支持信用社化解支付风险，实现扭亏为盈，而不对信用社业务过度干预；同时要使地方政府也承担对信用社的部分监督责任，如党组织领导关系、监察审计职责、保证债权法律主体，承担部分防范和化解信用社风险的责任。以下给出理顺两者关系的基本思路。

第一，从狭义（政府—信用社）上看，如果我们承认农村信用社的政策性义务，或者暂时还不能找到更加合适的机构代替农村信用社履行这种政策性义务，就应该承认在现阶段出于政策目的（而不是个人目的）的行政干预具备一定的合理性。问题在于地方政府行政干预的收益和责任必须对称。即使是政府，也不能免费搭车，不能自己享受依靠信用社支持所带来的政绩，而对付出相应成本的

支持者不给予补偿。补偿不一定是经济上的,也可以是责任上的。比如,在农村信用社过多承担政策义务而造成较多呆账贷款时,地方政府应支持信用社追索债权,打击逃债行为。

第二,更加广义(中央—地方—信用社)地看行政干预问题,我们可以发现一个具有中国特色的利益三角关系。首先是地方政府通过行政干预获得地方利益,同时向农村信用社转移成本;然后是农村信用社通过问题暴露把成本汇总,形成一个大的资金窟窿;最后把这个大的资金窟窿转移给中央。这是自下而上的过程。随后发生的过程是自上而下的:中央监管当局通过履行最后贷款人职能或某种形式的改革把窟窿填上。因此,在这样的利益三角关系中,最大的成本承担者是中央财政;最倒霉的是农村信用社,因为它们总是处于被改革的惶惶不安之中,最大的获益者是地方政府。因此,简单明了的思路是,必须设计某种制度形式,使地方政府为他们的获益支付某种代价。

第三,既然无论在狭义上还是广义上,我们都得出地方政府应对其干预行为付出代价,可以考虑赋予地方政府部分监管权。比如,改组现成的政府与人民银行联合组成的农村金融体制改革办公室为新的合作金融监管科(股);特别规定在辖区内农村信用社出现支付危机时的救助比例(比如地方财政出30%,应急支付)。这样做有三个依据:首先,在面临一定成本时,行政干预可能会有所收敛;其次,由于农村信用社本来就具备地方金融组织的特点,在1997年全国金融工作会议上就确定了为地方服务的职能,受地方管辖在逻辑上似乎可行;最后,这可能是新一轮自下而上的分权式监管体制改革的起点,小的地方性金融机构由地方参与管辖,逐步形成地方政府参与对地方金融机构从立法(地方单行条例)、准入监管(许可证)、运营到退出的全程监管,并分担监管成本。当然,这是一个长期过程。

第二篇

**农村信用社改革：我们做了什么？
我们还需要做什么？（2006年）**[1]

---

[1] 本篇的摘要版发表在《金融研究》2006年第11期。

2003年6月27日，国务院印发了《深化农村信用社改革试点方案》（国发〔2003〕15号，以下简称国务院15号文件）。经国务院同意，吉林、山东、江西、浙江、江苏、陕西、贵州、重庆等8个省（市）作为第一批试点单位，参加深化农村信用社改革试点工作。在充分总结8省（市）改革试点经验的基础上，2004年8月，国务院决定将深化农村信用社改革试点扩大到另外21个省（自治区、直辖市）。为明确银监会、人民银行、省级政府和省级联社在农村信用社监督管理和风险防范中的权力和责任等，银监会、人民银行拟定了《关于明确对农村信用社监督管理职责分工的指导意见》，并由国务院办公厅以国办发〔2004〕48号文件转发。

第一批试点的8个省农信社改革已两年多，信用社将要兑付中央银行票据，但目前社会各界对农村信用社改革成效的评价分歧较大。全面评价农村信用社改革试点，将有利于进一步推进信用社改革，进而为农村金融配套改革提供思路。中国人民银行行长周小川在农村信用社改革之初就提出农村金融改革要"花钱买机制"，归纳起来三句话：就是（1）正视历史包袱；（2）提供连续的正向激励机制；（3）特别注重防范道德风险。本报告将从这一角度分析农村信用社改革试点在"花钱买机制"并最终建立商业可持续的发展模式方面已经做了什么，还需要做什么。

一、农村信用社改革试点与"花钱买机制"

（一）"花钱买机制"的具体内涵

国务院15号文件明确指出，农村信用社改革的总体要求是"明晰产权关系、强化约束机制、增强服务功能、国家适当扶持、地方政府负责"。"国家适当扶持"激励省级政府、农村信用社和其他相关主体深化改革，实现"花钱买机制"的目标。

"花钱买机制"的目标包括三个方面：一是完善农村信用社的治理结构；二是省级政府创造农村信用社商业可持续发展的生态环境，具体包括：避免地方政府干预信用社的经营，地方政府帮助信用社清收不良贷款，打击逃废债；三是在农村信用社治理结构完善、商业可持续发展的基础上，支持当地经济发展，使当地经济金融良性循环。换言之，评价信用社试点改革能否达成"花钱买机制"的目标的一项核心内容是是否建立了一个商业可持续发展的信用社体制。

（二）优惠政策的具体体现

国家"花钱"体现在以下方面：

1. 保值贴补政策。对亏损信用社因执行国家宏观经济政策开办保值储蓄而多付保值贴补息给予补贴。具体办法是，由财政部核定1994—1997年期间亏损信用社实付保值贴补数额，由国家财政分期拨补。

2. 税收减免政策。先行改革试点8省（市），从2003年1月起至2005年末扩大改革试点范围后的21省，中西部地区试点的信用社一律暂免征收企业所得税；对其他地区试点的信用社，一律按其应纳税额减半征收企业所得税；从2003年1月1日起（扩大改革试点范围后的21省，从2004年1月1日起），对试点地区所有信用社的营业税按3%的税率征收。

3. 中央银行资金支持政策。对试点地区的信用社，中央银行采取两种资金支持方式：一是按照2002年末实际资不抵债数额的50%，安排专项再贷款。专项再贷款的利率按金融机构准备金存款利率减半确定，期限根据试点地区的情况，可分为3年、5年和8年。资不抵债数额按照信用社法人单位计算，以省（自治区、直辖市）为单位汇总，专项再贷款由省级人民政府统借统还。二是按照2002年末实际资不抵债数额的50%，发行专项中央银行票据，用于置换信用社的不良贷款，票据期限两年，年利率1.89%，按年付息。该票据不能流通、转让和抵押，可有条件提前兑付。中央银行票据支付必须与信用社改革效果挂钩，以县（市）为单位验收支付，标准为：产权明晰，资本金到位，治理结构完善，由中国人民银行分支行、银监会分支机构和地方政府监督执行。上述两种资金支持方式由试点地区自主选择。

4. 利率政策。允许信用社贷款利率灵活浮动，贷款利率可在基准贷款利率的1.0至2.3倍范围内浮动。对农户小额信用贷款利率不上浮，个别风险较大的可小幅（不超过1.2倍）上浮，对受灾地区的农户贷款还可适当下浮。随着中央银行对金融机构贷款利率上限的放开，作为国家扶持政策组成部分的利率政策，已失去扶持的意义。

（三）中央银行资金支持方式的差别

中央银行设计的两种资金支持方式，即专项票据和专项贷款，各有优缺点。

专项票据的优点是：专项票据等额置换了农村信用社的不良资产和历年亏损挂账，资产质量可迅速得到提高，置换不良贷款的顺序为：呆账贷款、历年亏损挂账、其他不良贷款，置换不良贷款的比例不低于65%；所置换的不良贷款委托给农村信用社处置，处置收益归其所有；此外，信用社获得专项票据后，相当于获得了优质资产，能够获得稳定的利息收入。专项票据的缺点是：专项票据是一种期权，农村信用社不能立即得到资金支持；票据兑付期限较短（正常兑付期为二年，推迟兑付期为四年）；票据的发行、兑付对提高资本充足率、降低不良贷款比例、完善法人治理结构、转换经营机制的要求较高，达不到要求的，专项票据将推迟发行、兑付，甚至不发行兑付；以县为考核单位。

专项借款的要求较低，省级政府制定的农村信用社改革方案批准后，可立即得到已核定的资金支持额度50%的资金支持，迅速解决信用社资金短缺的问题，并可实现增值，待平均资本净额增加50%、不低于零时，发放资金支持额度的30%、20%；以省为单位考核；期限较长，期限最长8年，还本宽限期4年，第5年开始逐年等额还本。缺点是农村信用社的负债，承担到期还本付息的责任。

二、资料来源

为了更好评价农村信用社改革成功经验和存在的问题，我们对第一批试点8个省的49个县（市）信用社联社和第二批试点的23个县（市）联社进行了问卷调查，样本分布见表2-1。

表2-1　　　　　　　　　调查样本分布

第一批试点省份	县（市）数	第二批试点省份	县（市）数
浙江	9	福建	4
江苏	6	湖北	10
山东	6	四川	6
江西	5	宁夏	3
吉林	6		
重庆	5		
陕西	6		
贵州	6		
合计	49		23

本次问卷调查的获得的资料涵盖了2000年至2004年的数据。这样既可以了解信用社改革和发展的历史，纵向比较农信社改革前后变化，也能横向比较农村信用社改革在地区间的差异。同时为了更准确反映不同地区和不同发展水平农信社的情况，样本分别从

东、中、西不同省份选取，在同一省份也兼顾好、中、差的信用社。

表 2-2　　　　　　农村信用社试点改革开始时间

时间	第一批试点省份 县（市）数	第二批试点省份 县（市）数
1998		
2000	4（江苏太仓、杨中、大丰、东台）	1（四川壤塘）
2001	2（江苏常熟、浙江鄞州）	
2002		1（湖北赤壁）
2003	17	
2004	26	9
2005		12
合计	49	23

表 2-2 表明，2000 年江苏率先开始了农村信用社改革试点；浙江鄞州进行了组建农村合作银行的试点；四川和湖北也有个别信用社在 2003 年前进行了统一法人的试点。2003 年国发 13 号文件关于农村信用社改革方案也是综合了以上改革试点，尤其是江苏农村信用社试点方案。

2000—2002 年，江苏试点是农村信用社改革的重要举措。根据中国人民银行和江苏省政府给国务院《关于在江苏深入进行农村信用社改革试点的请示》（银发〔2000〕165 号），基本目标如下：第一，继续坚持合作制，发展合作金融；第二，建立省联社，行业管理与监管分离；第三，依靠自我积累，控制风险；第四，解决农户贷款难问题。在 2002 年中国人民银行和江苏省政府报送国务院的《关于江苏省农村信用社改革试点工作的报告》（银发〔2002〕31 号），实际操作如下：一是以县为单位统一法人；二是组建省联社负责行业管理；三是组建 3 家农村股份制商业银行；四是中央参与风险化解，其中中国人民银行拨付 8 年期 50 亿元无息再贷款，国家

税务总局允许江苏信用社分 8 年以成本核销方式化解历年呆账贷款。

江苏试点涉及省联社模式、农村商业银行模式、统一法人模式和风险化解措施等多方面，在规模效益、农户贷款、风险化解上取得一定成效。但是，以下问题依然没有得到根本解决：第一，江苏的经济条件比较优越，在其他地区的示范作用不大；第二，统一法人在取得规模效益的同时，产权关系进一步模糊，合作制也不可能实现；第三，地方政府在风险化解上没有实质性举措，单一依靠中央银行资金和中央财税优惠非长久之计，形成了新的道德风险；第四，统一法人与省联社的建立实质是"县—镇"两级法人出现在"省—县"层次上，难以看出体制上的更新。

2003 年国务院 15 号文件与江苏改革方案的主要差别在于：信用社改革的组织模式增加了浙江试点的农村合作银行模式；优惠政策从无息再贷款增加为税收减免、保值补贴返还，以及中央银行的资金支持。2003 年的改革方案除了资金支持方式有创新外，其他与江苏的改革方案相比并无大的突破。

三、农村信用社管理模式的选择与改革试点的实施

从 2003 年开始的农村信用社改革试点是我国金融改革方式的创新，其主要特点是将过去由中央推动的信用社改革改为由省政府推动。这一改革方式转变的最大好处是允许各地按照各自的实际情况和需要因地制宜地制定改革方案。由于我国地方经济发展水平差异较大，各地金融发展的程度也不同，由地方政府推动农村信用社改革可以照顾到这些特点，使得改革更加贴近需要。

（一）农村信用社改革试点的领导

信用社改革试点的初衷是赋予地方政府更大的自主权，同时承担相应的自主决策后果，实现权利与义务的平衡。

调查发现（见图 2-1），在第一批改革试点省份中，有超过61%的县联社认为此轮改革是省政府牵头的，22%的联社认为是由银监会推动，另有4%的联社认为由人民银行负责。在第二批改革试点中，这些看法基本上一致，认为由省政府牵头的占60%（省政府和省联社之和），认为银监会或人民银行负责的占30%。这既反映地方政府在此轮改革中发挥了很大的作用，也反映了监管部门的作用和影响力。

第一批试点省份

- 其他 13%
- 人民银行 4%
- 银监会 22%
- 省联社 0
- 省政府 61%

第二批试点省份

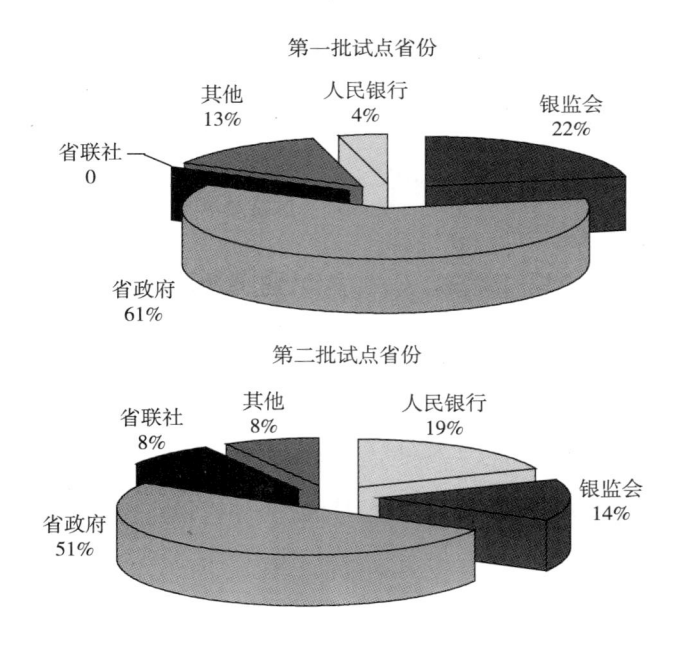

- 省联社 8%
- 其他 8%
- 人民银行 19%
- 银监会 14%
- 省政府 51%

图 2-1 信用社改革试点是由谁领导的？

（二）信用社的省级管理模式的选择与预期

金融组织形式的创新和多样性是经济发展的阶段、市场和法律环境的基本特征，以及社会、历史和文化等方面包含的金融资源禀赋等共同作用的结果。我国实体经济的多元化发展，也同样要求多样化的金融组织形式与之相匹配。

在对联社主任发放的问卷中，我们请联社主任按照国务院15号文件的精神和当地的实际需要提出他们认为适合的信用社管理模式，如图 2-2 所示。尽管有 74% 的联社选择了省联社作为农村信用社省级政府管理模式，但仍然有 26% 的信用社选择了信用社协会、地方金融办和地方金融监管办。这些多样性的需要在这两轮的信用社改革试点中没有充分体现出来。

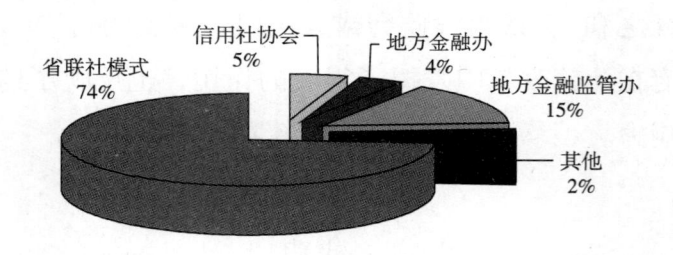

注：第一批试点省份。

图 2-2 信用社省级管理模式

目前，除北京、上海和天津成立以市为单位的农村商业银行或合作银行外，其他各省市区均采用了省联社模式。仅仅省联社一种模式，而没有其他试点模式，改革的风险很大。没有比较，很难证明省联社模式是否是适合各地需要的最佳管理模式。省联社模式事实上是"只能成功不能失败"，因为即使省联社模式被证明是失败的改革模式，也无法找出更好的替代模式，这无疑将增加改革中的道德风险。

（三）地方政府在农村信用社改革进程中的作用

在信用社试点改革中，部分地方政府曾经出具了股金分红补贴的扶持承诺函，但扶持资金往往难以到位。显然，目前各地政府承诺对亏损信用社的新股东提供分红补贴是不可信的，这只是地方政府鼓励更多新股东入股信用社，以达到中央银行票据发行和兑付要求采取的虚假承诺，最终分红还必须由信用社用储户的存款来分红。

表 2-3 的结果显示，第一批试点省份有高达 80.9% 的信用社

认为，信用社出现亏损后，地方政府不会对新股东进行补贴；第二批试点省份也有63.6%的信用社认为地方政府不会对亏损信用社的新股东进行补贴。认为地方政府肯定会对亏损信用社的新股东进行补贴的只有10%左右。最近，我们在内蒙古海拉尔调查时，当地农信社主任就抱怨地方政府没有兑付其承诺的分红补贴。

表2-3　　　　　　　政府在农村信用社改革中的作用　　　　　　单位：%

若出现亏损，政府会不会对新股东进行补贴？			
	会	可能会	不会
第一批试点省份	10.6	8.5	80.9
第二批试点省份	9.1	27.3	63.6
试点中，地方政府是否帮助清收不良贷款？			
	有，效果很好	有，效果一般	做过工作	没做过
第一批试点省份	12.2	22.4	40.8	24.5
第二批试点省份	21.7	69.6	8.7	0
改革完成后，地方政府是否仍然会帮助清收不良贷款？			
	会	可能会	不会
第一批试点省份	30.4	58.7	10.9
第二批试点省份	13.0	87.0	0

另外，有60%—70%的信用社认为试点中地方政府曾经帮助信用社清收过不良贷款或做过工作，但效果一般。但从目前各地信用社反映的情况和银监会的宣传，似乎清收不良贷款效果显著。由于信用社清收的不良贷款中，以物抵贷形式占比很高。农信社将其作为完成清收不良贷款降幅任务和提高资本充足率的有效方法。尤其在吉林农信社中较为突出。

对改革完成后，地方政府是否仍然会帮助信用社清收不良贷款，绝大多数信用社的回答是不肯定的。第一批试点的信用社中有58.7%认为有可能，第二批信用社有87%认为有可能。这表明改革的优惠政策对地方政府的激励在短期内是肯定的，但中长期是不确定的。

不可否认试点地区地方政府对信用社比以前更关心了，但所做的努力主要目的是要达到兑付人民银行专项票据的要求。这次改革重组建机构，重尽快落实优惠政策。为配合中央扶持政策，第一批8个试点省（市）结合实际出台了本地区支持农信社改革的政策措施。重庆出资数亿元帮助农信社置换不良资产；贵州5年内每年拿出800万元作为农信社发展基金；江苏以不同方式安排10多亿元资金支持农信社；吉林通过优质资产置换、财政资金补贴等方式支持农信社增资扩股、降低不良资产，试点开始以来增扩股金60多亿元；山东在地市、县（市）财政预算中安排对农信社的补贴资金；浙江省政府下发专门文件，明确对农信社有关税费进行减免、组织存款等扶持政策；江西、陕西也提出了不同形式的支持政策和措施。除此之外，8个省（市）还都采取了不同措施帮助农信社清收不良资产，打击逃废债，营造良好的信用环境。但从前面分析看，一些地区的政府支持措施没有落到实处，政府的支持也只追求短期结果，没有建立长期制度化的保证。

四、农村信用社的股权结构与治理结构

治理结构改革是"花钱买机制"的核心。现代金融中介理论发现，金融机构的治理结构是环环相扣的，只有不同的部分共同作用才能为金融机构管理层提供一个正确的激励机制和约束机制。一般情况下，一个金融机构的激励和监督约束供给来自以下几个渠道：出资人或股东、储户、外部约束（如评级机构等其他中介机构）和金融监管部门。

改革前我国农村信用社的所有制结构是按照合作制的原则来设计的，但有其形而无其实，主要表现为责任与利益脱钩。从出资人或股东的监督来看，在形式上，农村信用社有理事会、监事会和会

员大会代表出资人的利益,但这些机构不对信用社的管理层构成约束。农村信用社会员的入股资金过于分散而且数量少,无论是董事会、监事会还是会员对信用社主任的监督成本远高于其收益,事实上放弃了其应有的监督权。在二级法人的体制下,对基层农村信用社主任的实际监督主要来自联社,但联社的监管目标与出资人不同,不可能也没有激励去代表出资人的利益,造成了事实上的出资人缺位。

（一）信用社的股权结构与治理结构

信用社改革试点从重构造其股权结构开始,在增资扩股方面取得了明显的成效（见表2-4）。从信用社股东人数与股本金状况看,第一批试点省股东数骤降,从2002年每个联社平均52 169个股东下降到2004年的27 898个股东；但同时股本金急剧增加,从2002年的每个联社的2 633万元上升至2004年的13 090万元。从现有第二批试点的信用社联社看,股东数却出现了上升,从2002年每个联社的17 812个上升至2004年的19 263个,股本金仅从2002年的736万元增加到2004年的1 159万元。同时,信用社自然人股东数始终在97%以上。

表2-4　　　　　　　　信用社股东人数与股本金

	第一批试点省份		第二批试点省份	
	2002年	2004年	2002年	2004年
观察值	48	48	23	23
股东数（个）	52 169	27 898	17 812	19 263
其中自然人数（人）	51 538	26 084	17 285	18 750
股本金（万元）	2 633	13 090	736	1 159

尽管此轮改革后农村信用社的股东数有所下降,人均股金有所提高,农信社的股权结构仍较为分散,监督成本过于昂贵,分散的小股东存在严重的"搭便车"的心理,往往缺乏关心和监督农村信

用社经营的激励。在信用社改革的实践中，解决这一问题的通常做法是通过由众多的小股东选举股东代表的方式行使股东的权利，增加了一层代理人成本。实践的结果可能会出现权利过度集中，内部人控制问题十分严重，缺乏制约。

从新募集股份的股东结构来看，自然人入股人数多但入股资金少。表 2-5 的资料显示，第一批试点省份吸收的股金中，平均每个自然人的资格股股金为 0.3 万元，投资股股金也仅为 0.8 万元。第二批试点省份的自然人股本金更少。企业股东的人数不到总股东数的 2%，但所持有的股份高达 20%—30%。资格股的股东是为了获得贷款服务；投资股的股东无法参与决策，信用社的主任和理事长是由省联社任命的，股权投资者的长期利益无法得到制度保证，投资股的股东只追求短期的分红。总之，无论资格股的股东还是投资股的股东对信用社的经营状况和经营方向均不会关心，当然也无法关心。

表 2-5　　　　　　　　　　新股募集

	第一批试点省份		第二批试点省份	
	资格股	投资股	资格股	投资股
自然人股东（人）	19 726.8	5 180.4	20 593.6	3 889.1
股本金（万元）	4 936.8	4 182.6	2 892.2	1 173.1
平均股本金（万元/人）	0.3	0.8	0.1	0.3
企业股东（个）	85.3	69.8	146.4	121.7
股本金（万元）	329.6	2205.2	993.6	822.8
平均股本金（万元/个）	3.9	31.6	6.8	6.8

（二）信用社分红

获得定期分红是股东应有的权利，但是股东分红的水平必须与承担的风险相对称。

长期以来信用社的分红水平低或不分红，表2-6反映了信用社2001—2004年的分红情况。第一批改革试点省份在2001—2003年间分红的联社不足一半，2004年这一比例迅速提高到87.2%；实施了分红的联社的平均分红水平从2001年至2004年变化不大，均维持在6%左右。2004年第二批改革试点的联社中分红的联社的比例一直低于25%；分红水平略低于第一批试点省份。

表2-6　　　　　信用社2001—2004年分红情况

	2001年	2002年	2003年	2004年
第一批试点省份				
观察值	45	45	47	47
分红联社占比（%）	44.4	44.4	46.8	87.2
平均分红水平（%）	5.98	6.19	6.12	5.98
第二批试点省份				
观察值	21	21	21	21
分红联社占比（%）	28.6	19.0	23.8	19.0
平均分红水平（%）	5.89	5.79	5.20	5.46

图2-3描述了新募集股本的分红分布情况，从图中可以看出，对第一批试点省份而言，尽管平均分红水平接近6%，但最高分红水平高达15%，有不少在5%—10%之间。与第二批改革试点相比，第一批试点省份的分红水平差异较大，这反应新股东要求的回报的差异，这些差异可以由股东所面临的机会成本不同来解释。由于第二批试点省份的信用社还没有进入新股分红期，不需要对新股东的投资回报要求作出反应。平均而言，新股东要求的回报超出信用社平均资金成本近三倍，这样的回报水平超出了信用社的承受能力，对改革以后的信用社无疑是巨大的负担。

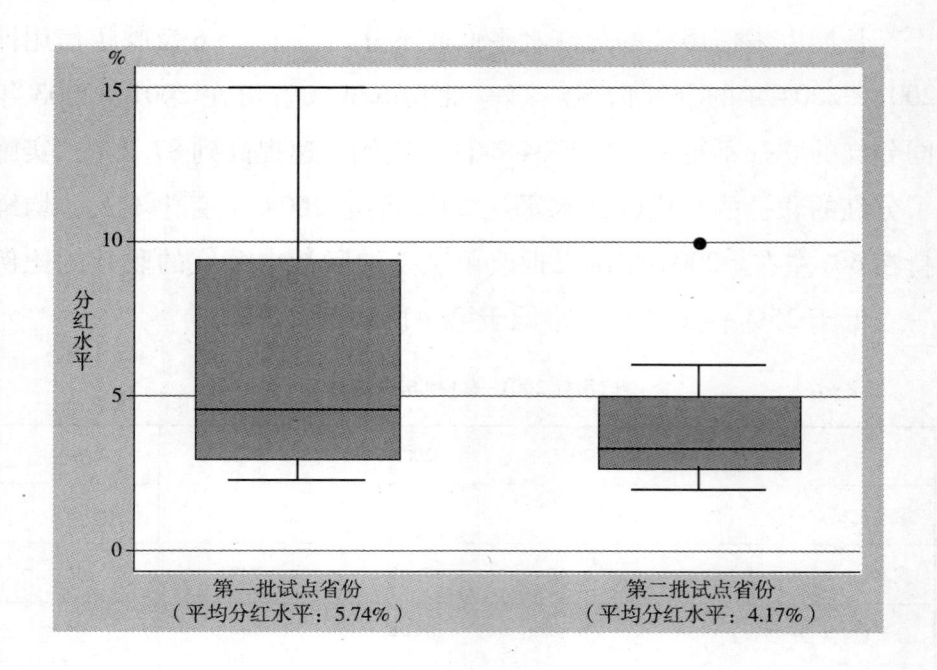

图 2-3 新募集股本的红利分布

在信用社经营机制未转换，又存在大量亏损的情况下，农户和个体工商户是不可能愿意入股的，入股目的只可能有两个：一是为了获得贷款服务；二是获得比存款更高的利率回报。在改革过渡期间，一些信用社继续实行保证社员（股东）利益的稳定政策。一些信用社在应付利息中列支分红资金，还有一些信用社由地方政府用预算资金承诺一定的分红回报。这样一来，股东就更不可能关心信用社的经营管理和长远发展。此外，部分农村信用社为达到中央银行专项票据申请条件，采用分配任务、以贷入股、存款股金化等手段募集股金，在宣传上夸大入股收益，淡化风险提示，以利于完成增资扩股计划。甚至有的信用社单方面将 100 股以上资格股全部认定为投资股。

事实上，赢利的信用社不愿大股东加入，农户和个体工商户又不愿加入亏损的信用社，结果亏损的信用社只能通过存款化股金达到人民银行专项票据兑付条件，最终强化了信用社的内部人控制。

(三) 信用社的决策机制

改革信用社的决策机制是完善治理结构的一个重要组成部分，其核心是实现信用社主任的责权利的统一。在公司治理中，股东是经营者责权利统一的直接受益者，因而也是治理结构完善的主要推动者，从这个角度说，股东权利的完整性直接决定了治理结构的有效性。

在现有的信用社改革试点中，经营者并不必然要求对股东负责，这是因为股东并没有被赋予选择经营者的权利。表2-7显示，56.5%的联社主任认为他们的任免是省联社的权力而不是股东的权利，只有不到20%的信用社认为是信用社的股东。更为重要的是，作为治理结构核心的联社主任的任命在改革前后并没有很大的差别，有高达78.2%的联社主任认为，其任命与改革前相比没有差别或差别不大，认为有实质性差别的只有21.7%。

表2-7　　　　　试点改革以后信用社主任的任命[①]　　　　单位：%

信用社主任由谁任命？		与改革前有何变化？	
观察值	46	观察值	46
1. 人民银行	2.2	1. 没什么差别	21.7
2. 银监会	4.3	2. 有差别但不大	56.5
3. 省政府	2.2	3. 差别很大	21.7
4. 省联社	56.5	合计	100
5. 县政府	0		
6. 本机构股东	19.6		
7. 其他[②]	15.2		
合计	100		

注：①本表仅包括第一批试点省份；

②含多项选择。

与此相对应，失去了经营者选择权的股东同样失去了经营者对其的忠诚度。调查发现，尽管有58.3%的联社主任认识到试点改革

后农村信用社主任应对信用社股东负责,但有三分之二的联社主任同时也承认在信用社主任应该对谁负责方面在改革前后没有差别或差别不大(见表 2-8)。

表 2-8　　　　试点改革以后信用社主任对谁负责?[①]　　　　单位:%

信用社主任对谁负责?		与改革前有何变化?	
观察值	48	观察值	47
1. 省政府	4.2	1. 没什么差别	23.4
2. 省联社	20.8	2. 有差别但不大	40.4
3. 信用社股东	58.3	3. 差别很大	36.2
4. 其他[②]	16.7	合计	100
合计	100		

注:①本表仅包括第一批试点省份;
　　②含括信用社股东在内的多项选择。

另外,有 64.6% 的联社主任认为重大决策应由理事会拍板,类似地,有 61.4% 的信用社认为改革前后没什么差别或差别不大。目前,农村信用社改革热衷于理事长和主任分开,成立"三会",只追求治理结构的形式,不关注治理结构的实质,是无法完善农村信用社的治理结构的。

表 2-9　　　　试点改革以后本机构重要经营决策由谁拍板?[①]　　　　单位:%

重大决策由谁拍板?		与改革前有何变化?	
观察值	48	观察值	44
1. 党委	2.1	1. 没什么差别	34.1
2. 股东大会	16.7	2. 有差别但不大	27.3
3. 理事会	64.6	3. 差别很大	38.6
4. 理事长	6.3	合计	100
5. 主任	6.3		
6. 其他	4.2		
合计	100		

注:①本表仅包括第一批试点省份。

(四) 信用社的代理人成本

在公司治理结构中，解决代理人成本是决定公司组织形式的主要因素。由股东委托经营人经营的方式只有在代理人成本足够低的情况下才可能实现，而当代理人成本过高时，家庭企业则是一种可能的替代选择，信用社也不例外。

为了了解信用社中存在的代理人成本，我们请联社主任对下列假设性的问题进行评论，即"如果信用社私有化以后，本机构归你所有，你将会怎么做？"有52.9%的联社主任认为应该降低经营成本，有16.5%认为应该通过扩大贷款规模增加盈利，认为仍可按现有经营方式保持不变的只有14.1%。这种私有化前后信用社主任在"清打细算"方面的差异是现有信用社体制代理人成本的一种表现。

由于信用社的责权利不一致，经营者无需承担责任，奢华消费、增加信用社内部职工工资就成为农信社的普遍现象。从表2-10可以知道，2000—2004年农信社的人均营业费用一直不断上升，从2000年的人均4万多元上升到2004年的人均7万多元，当然，不同农信社之间的差距一直很大，2000年，农信社最多的人均费用是最少的6.6倍，2004年农信社最多的人均费用是最少的4.9倍。

表2-10　　　　　　　信用社人均营业费用　　　　　　单位：万元

	观察值	平均值	最小值	最大值
按正式职工平均					
2000年	72	4.09	1.60	9.25
2001年	71	4.66	1.07	10.35
2002年	72	5.14	2.30	12.57
2003年	72	6.09	2.29	13.73
2004年	72	7.10	3.07	14.91

续表

	观察值	平均值	最小值	最大值
按所有职工平均			
2000年	69	3.72	1.36	8.93
2001年	69	4.28	0.99	9.99
2002年	70	4.69	2.00	11.69
2003年	71	5.56	2.06	12.70
2004年	71	6.48	2.86	13.23

从地区分布看，2001—2004年间，东、中、西部地区信用社职工的人均费用一直在提高，但差距在拉大，尤其是西部地区远高于中部地区。在西部大开发的背景下，无论是中央银行支农再贷款，还是农村信用社改革微调方案均体现了向西部地区倾斜的政策，但在没有机制保障的情况下，倾向西部地区的支农资金可能变成农村信用社职工的福利和信用社主任的奢华消费。支持"三农"不能和支持信用社简单画等号，同样，支持西部发展也不能简单地和支持西部信用社画等号。如何通过机制设计真正把国家的发展战略落到实处，防止道德风险也是应认真研究的问题。

表2-11　　　　　　　　　分地区人均费用[①]　　　　　　　单位：万元

年份	2001	2002	2003	2004
正式职工人均费用				
沿海地区	5.97	6.66	7.33	9.15
中部地区	3.25	3.42	4.04	4.87
西部地区	4.61	5.21	6.69	7.09
所有职工人均费用				
沿海地区	5.51	6.15	6.86	8.56
中部地区	2.79	2.99	3.52	4.27
西部地区	4.34	4.80	6.10	6.44

注：①沿海地区包括浙江、江苏、福建和山东；中部地区包括湖北、江西和吉林；西部地区包括四川、重庆、贵州、陕西和宁夏。

分省数据更清楚地表明地区间人均费用的差异（见表2-12、表2-13）。农村信用社改革后信用社的人均费用都有较大幅度的上升，这一趋势与第二轮改革试点的地区没有明显的差异。这表明，信用社改革没有在控制和降低人均费用方面产生影响。

表2-12　　　　　　分省人均费用（仅含正式职工）　　　　单位：万元

	观察值	2001年	2002年	2003年	2004年
浙江	8	7.73	9.21	10.06	11.94
江苏	5	6.33	6.27	6.49	8.47
福建	5	4.68	5.56	6.14	7.95
山东	6	4.39	4.48	5.40	7.02
湖北	10	2.57	2.96	3.53	4.13
吉林	5	3.20	3.19	3.55	4.29
江西	6	4.41	4.43	5.38	6.67
四川	6	4.47	4.65	5.36	5.91
重庆	6	5.80	6.88	8.44	7.96
贵州	6	4.60	4.27	7.18	6.73
陕西	6	4.05	4.40	4.93	5.90
宁夏	2	3.13	7.08	9.21	12.70

表2-13　　　　　　分省人均费用（含正式工和临时工）　　　　单位：万元

	观察值	2001年	2002年	2003年	2004年
浙江	8	7.17	8.49	9.27	10.91
江苏	5	5.82	5.72	5.99	7.93
福建	5	4.34	5.29	6.00	7.76
山东	6	4.03	4.10	5.09	6.59
湖北	10	2.27	2.60	3.13	3.73
吉林	5	2.68	2.98	3.34	4.04
江西	6	3.75	3.65	4.37	5.39
四川	5	4.55	4.72	5.52	6.13
重庆	5	5.89	7.01	7.87	7.31
贵州	6	4.29	3.89	6.48	6.15
陕西	6	3.49	3.62	4.00	4.92
宁夏	2	2.69	5.73	7.40	10.04

五、农村信用社的绩效

农村信用社改革的目标是实现信用社的商业可持续发展。尽管现在评估农村信用社改革对绩效的影响还为时尚早，但我们仍然可以从现有信用社的盈利能力出发对其绩效作出初步判断。

自 2000 年以来，随着整个宏观经济形势的好转和中央落实支农政策的到位，农村信用社的经营状况一直在不断改善。从表 2－14 的资料看，2000 年样本联社税前平均亏损近 300 万元，税后亏损约为 540 万元。此后，信用社的盈利状况逐年改善，到 2003 年底，样本联社平均税前盈利 670 万元，税后盈利也达到了 450 万元。2004 年，信用社的盈利几乎翻了一番。

表 2－14　　　　　　　　信用社盈利　　　　　　　　单位：万元

	观察值	平均值	最小值	最大值
税前利润				
2000 年	73	－299.83	－4 259	2 598
2001 年	73	－254.70	－5 075	3 186
2002 年	72	377.94	－4 627	14 001
2003 年	71	669.35	－3 674	10 133
2004 年	69	1 528.33	－2 124	18 048
税后利润				
2000 年	73	－539.69	－4 342	1 559
2001 年	73	－470.57	－5 636	8 175
2002 年	73	－126.00	－4 879	4 574
2003 年	72	450.74	－3 887	16 580
2004 年	72	1 037.12	－2 351	21 504

然而，如果将 2003 年的税后利润加上税收减免和中央银行票据获得利息，那么就与 2004 年信用社的税后利润相差无几。根据表 2－15，如果信用社 2003 年平均税后利润约为 450 万元，税收减免

约为600万元,以及平均8 880万元的央行票据按利率1.89%计息170万元,那么,2004年的税后利润应为1 220万元,仅比2004年实际税后利润少320万元,这一部分的盈利可能主要来自贷款利率的提高(见后面的分析)。改革并未带来盈利能力的提高,信用社的盈利主要来自优惠政策。

表2-15　　第一批改革试点省份信用社盈利与央行票据和税收减免　单位:万元

	2001年	2002年	2003年	2004年
税前利润	-48.94	451.47	1 009.38	2 253.18
税后利润	-364.95	25.69	454.37	1 544.16
央行票据				8 881.52
税收减免				593.86

与此同时,农村信用社账面不良贷款占比(指逾期贷款、呆滞贷款和呆账贷款之和与贷款余额之比)逐年下降(见表2-16)。不良贷款占比最低的浙江和江苏省的不良率已降低至5%左右;吉林、重庆和贵州的不良率也在10%左右;其中不少省份2004年的不良率更比2003年大幅下降了一半以上。

表2-16　　　　　　　　账面不良贷款占比　　　　　　　单位:%

	观察值	2001年	2002年	2003年	2004年
浙江	8	19.32	13.20	6.62	5.37
江苏	5	17.26	11.74	14.39	4.98
福建	5	31.33	25.76	18.55	13.65
山东	6	33.84	41.41	36.49	22.98
湖北	10	60.34	48.47	45.38	37.78
吉林	5	64.54	44.66	39.07	11.74
江西	6	44.22	42.52	29.07	29.27
四川	5	49.40	39.62	32.98	29.21
重庆	5	45.82	27.88	20.79	10.33
贵州	6	35.82	22.12	21.24	13.19
陕西	6	37.76	35.09	30.18	24.17
宁夏	2	26.68	11.69	25.01	15.18

但是，如果将已清收的不良贷款同时考虑在内，全部不良贷款的占比则远比账面反映的高得多。从表2-17中可以看出，不良贷款占比最高的年份不良率曾经高达60%以上，其中大约有一半左右的不良贷款已经清收完毕，再加上贷款规模的急剧扩张，是不良贷款占比下降的主要原因。就前一途径而言，对第一批试点省份的信用社来说，通过清收的办法降低不良率的可能性已经不大，利用盈利核销不良贷款可能是主要的途径。

表2-17　　　　全部不良贷款占比（含已清收不良贷款）　　　　单位：%

	观察值	2001年	2002年	2003年	2004年
浙江	8	22.77	18.16	14.68	13.98
江苏	5	20.88	17.73	21.24	12.57
福建	5	39.37	36.77	31.69	26.66
山东	6	40.85	50.56	45.79	34.58
湖北	10	62.18	54.35	49.89	43.30
吉林	5	67.46	51.84	50.64	30.28
江西	6	51.25	57.93	45.19	47.14
四川	5	45.69	40.63	36.89	37.38
重庆	5	56.34	44.96	41.21	36.12
贵州	6	46.76	41.20	45.00	40.56
陕西	6	49.25	50.89	49.46	46.76
宁夏	2	34.65	23.38	55.61	50.19

2004年第一批试点信用社的平均不良贷款规模是15 811万元，是2004年税前盈利的7倍和税后盈利的10倍。考虑到县联社是单独核算的，计算单个联社不良贷款与税后盈利之比得出的平均倍数更高达20倍，也就是说，按照2004年的盈利能力，有一半以上的联社需要长达20年的时间才能全部核销现有的不良贷款。如果将央行票据考虑在内，可能也需要10年左右的时间。

贷款利差的大小在一定程度上也反映了信用社的盈利能力，是信用社盈利增加的渠道之一。在信用社资金成本基本不变（约

2.1%）的情况下，2004年第一批试点信用社的平均贷款利率（以六个月贷款计算）比2003年提高了10%，而第二批试点信用社的同类贷款利率平均只提高了5%。表2-18反映了分省贷款利差的变动情况。

表2-18　　　　　贷款平均利差（六个月贷款，年率）　　　　单位：%

	观察值	2001年	2002年	2003年	2004年
浙江	8	5.31	4.72	4.84	5.50
江苏	5	4.62	4.43	4.99	5.27
福建	5	5.58	5.30	5.47	5.90
山东	6	4.51	4.17	4.67	5.45
湖北	10	4.57	5.02	5.49	5.81
吉林	5	4.48	4.76	4.54	5.80
江西	6	6.29	6.04	6.13	7.34
四川	5	3.80	4.07	3.93	4.22
重庆	5	5.90	5.69	5.57	5.44
贵州	6	5.39	5.11	4.79	4.75
陕西	6	4.57	4.08	3.98	6.02
宁夏	2	5.15	5.08	4.81	4.63

六、支持"三农"与农村信用社改革

农村信用社改革的基本方向是商业化运作，但是，由于在很多地区农村信用社是当地唯一的正规金融机构，支持"三农"的重任自然也就落到了农村信用社的身上。现在的问题是，农村信用社究竟应该支持"三农"中的有效信用需求部分，还是应该满足涉及"三农"的所有信用需求？支持"三农"与农村信用社的商业可持续发展是不是存在冲突？

从信用社贷款中农户个人贷款的平均数看，信用社贷款中有

60%左右为农户贷款（见表2-19）（对农户的调查结果往往与此相去甚远，可能信用社将个体工商户的贷款也算作农户贷款）。第一批试点信用社的农户贷款比例从2001年的54%逐年提高到2003年的60%，这一趋势在2004年得以保持。从这些数字看，信用社改革试点对农户贷款的影响不大。比较而言，第二批试点信用社的农户贷款比例在2001—2004年间基本稳定。

表2-19　　　　　　　　　　信用社农户贷款

	2001年	2002年	2003年	2004年
第一批试点省份				
观察值	50	50	50	49
农户贷款的占比（%）	53.79	57.40	60.04	62.33
第二批试点省份				
观察值	23	23	23	23
农户贷款的占比（%）	55.52	53.13	55.92	56.73

为了进一步分析信用社农户贷款的增加，我们将第一批试点信用社按2000年的农户贷款比例等分成高、中、低三组，图2-4反映了这三组2000—2004年间农户贷款比例的变化。从图中可以看出，农户贷款占比增加较快的是占比最低的一组，在过去四年间呈现持续上升的势头。其他两组在这四年中相对稳定，占比最高组在2004年略有上升，占比中等组则稍有下降。这些结果表明，信用社改革试点在增加信用社农户贷款中的作用有限，农户贷款占比高的地区（即为相对较为贫困的地区），农户贷款的平均占比已经高达90%，很难再有进一步的提高；农户贷款占比居中的地区（即为中等发达地区），农户种养业专业化使得农户贷款有增长的空间，属于该增长没有增长的地区；农户贷款占比较低的地区的经济发展水平较高，农户贷款增长的主要来源为非农活动和消费贷款，占比提高速度虽然较快，但显然不是出于支持"三农"的目的。

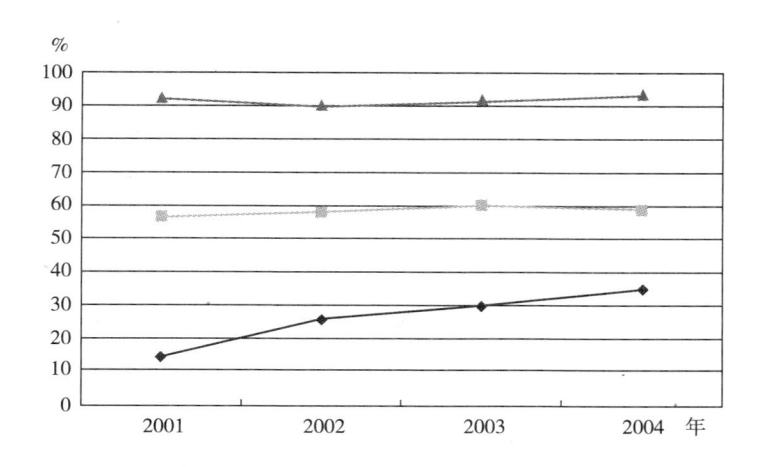

注：第一批试点省份，按2000年占比分组。

图2-4 信用社农户贷款占比

另外，从农户的实际借款来看，信用社也只能满足部分农户的信用需求。根据对陕西省10个县近400户农户的调查，从信用社获得贷款的农户约占五分之一，有高达54%的农户没有任何借款，其他农户从亲戚朋友等民间渠道借款。我们进一步计算了农户的借款偏好，结果见图2-5。对于有贷款的农户来说，43%的农户偏好于从信用社借款，有40%的农户会考虑从亲戚朋友借款，这样的借款通常不需要付利息，此外，还有17%的农户会从民间获得有息借款。这显示，在陕西，信用社的主要竞争对手是亲戚朋友之间的互助性无息借贷；由于商业性民间借贷并不是很发达，信用社在农村商业信贷市场上拥有垄断的市场力量。

然而，与民间借贷关注信誉、未来的现金流和无限责任不同，信用社贷款更加注重抵押品的数量和质量。图2-6显示，即使考虑信用社的小额信贷在内，信用社的平均信用贷款比率约为25%。对第一批试点信用社而言，改革试点没有对信用贷款产生明显的影响，第二批试点信用社的信用贷款比率同期更有明显的下降。信用社过度强调抵押品而不是利用其自身的信息优势甄别优质贷款客

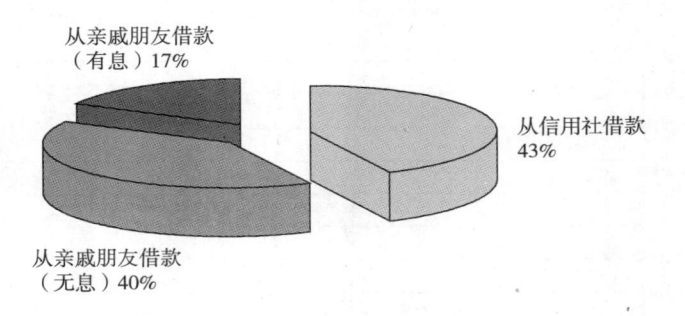

图 2-5 农户的借款偏好

户，是农户贷款难、民间借贷趋于活跃的一个主要原因。信用社改革过分强调贷款的安全，而不是强调贷款风险与收益的一致，有可能加剧了农户贷款难而不是相反。

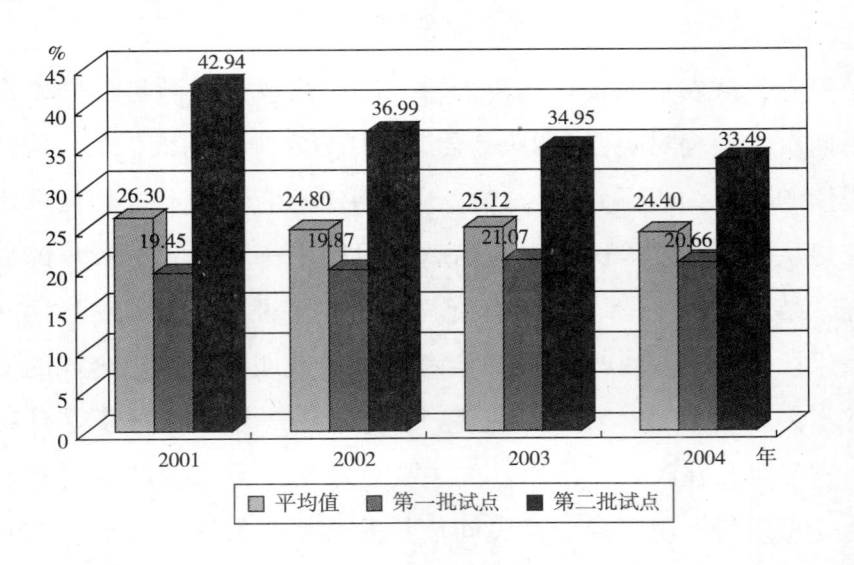

图 2-6 信用社信用贷款占比

再从分省份数据来看，农村信用社信用贷款占比基本上是与各省经济发展水平一致的（见表 2-20）。江苏、浙江、福建和山东的信用贷款较低，即农户贷款相对较少。而中西部地区信用贷款较多。但从时间序列来看，并没有发现农村信用社改革前后农村信用社的信用贷款有明显变化，一些试点省份甚至出现了下降趋势。如吉林、重庆和湖北。

表 2-20　　　　　　　　分省份信用贷款占比　　　　　　　单位：%

	观察值	2001 年	2002 年	2003 年	2004 年
浙江	8	0.84	1.90	3.18	2.63
江苏	5	4.42	3.59	5.15	4.90
福建	5	3.35	4.03	3.02	2.48
山东	6	1.33	1.18	1.82	1.24
湖北	10	66.69	59.70	54.23	50.31
吉林	5	31.36	26.87	21.96	13.35
江西	6	33.19	34.12	35.59	38.93
四川	5	36.33	26.61	29.43	31.30
重庆	5	55.01	52.69	47.55	40.77
贵州	6	21.48	24.83	30.09	29.36
陕西	6	22.79	24.47	28.36	29.29
宁夏	2	11.34	5.82	6.94	8.41

当然，信用社信用贷款比例的下降也有其积极的一面。信用社原有信用贷款比例过高可能是由于过度强调"支农"引起的，存在着过度贷款的问题。关键是如何在强调贷款安全与贷款手段创新方面取得平衡。

在现有"信贷支农"政策中，央行再贷款是这一政策的具体落实，也是信用社信用贷款的主要资金来源。2001—2004 年，中央银行支农再贷款始终占信用社存、贷款余额的 10% 左右，一些地区甚至占到 40% 以上，中央银行支农再贷款作为支持信用社发放农户小额信用贷款的过渡手段，发挥了重要作用（见表 2-21）。

表 2-21　　　　　　　　信用社央行支农再贷款

	2001 年	2002 年	2003 年	2004 年
观察值	50	57	58	54
央行支农再贷款（万元）	2 617.22	4 224.65	4 915.26	5 317.41
占贷款余额的比重（%）	10.63	12.68	13.99	11.88
占存款余款的比重（%）	8.01	11.60	12.67	10.27

结合信用贷款份额表（表2-20）和支农再贷款表（表2-22）分析，可发现支农再贷款多的省份信用贷款也较多，但目前对于央行支农再贷款的效率还缺少详细的实证分析。

表2-22　　　　　　央行再贷款占贷款余额的比重　　　　　　单位：%

	观察值	2001年	2002年	2003年	2004年
浙江	8	2.02	3.90	4.23	4.62
江苏	5	1.67	2.13	2.57	3.31
福建	5	5.60	7.47	4.87	4.23
山东	6	6.16	6.39	5.24	6.11
湖北	10	9.39	13.56	27.09	22.83
吉林	5	8.59	11.75	7.21	7.83
江西	6	12.12	13.95	9.19	9.35
四川	5	12.54	12.94	18.71	9.72
重庆	5	7.82	9.71	10.01	8.85
贵州	6	27.27	25.48	18.10	16.85
陕西	6	14.57	17.55	20.51	16.97
宁夏	2	41.64	49.75	47.28	29.00

为了了解信用贷款是不是一种商业可持续的贷款模式，我们为联社主任专门设计了若干假设的问题。（1）如果信用社私有化，你拥有自己的信用社，是否愿意发放小额信用贷款？表示肯定愿意的联社主任占55%，有可能的占35%。可见，小额信贷是一种可盈利的贷款模式，而且信用社私有化不是削弱了信用社支持"三农"，相反，信用社治理结构完善后，反而会考虑到垒大户的风险，农户贷款可分散风险，通过创新降低成本和风险。（2）如果不愿意，为什么？从不愿意发放小额贷款的信用社回答可看出，由于小额信贷的发放成本很高，但其贷款利率又受限制，必然使得信用社为了支持"三农"，亏损也发放小额信用贷款。信用社市场化改革后，必然有部分信用社不愿发放小额信用贷款。为了既支持"三农"，又

能使农村信用社商业可持续发展，必须进一步放开农村金融市场的利率管制。

为解决农民贷款难，2001年以来，江西省人民银行分支机构和当地农村信用社创造并推广了以"信合主导、政府督导、人行引导、农户承贷"为主要内容的农户小额信用贷款"婺源模式"。2004年末，全省已有249.2万农户累计获得242.5亿元农户小额信用贷款的支持，支农效果非常显著。然而，随着农户小额信用贷款发放量和面的扩大，不良贷款也逐渐出现，2004年底，此项贷款的不良率已超过25%。这说明目前农村信用社发放小额信贷机制必须进一步完善，才能做到既支持农户，又做到商业可持续发展。

七、农村信用社的监督和管理

现有信用社的监管主要来自银监会、人民银行和省联社。一方面，监管的多元化可以强化对信用社的监督管理；另一方面，也可能存在着监管负担过重的问题。

首先，人民银行与银监会分设以后，人民银行对信用社的检查次数没有明显的变化（见图2-7）。

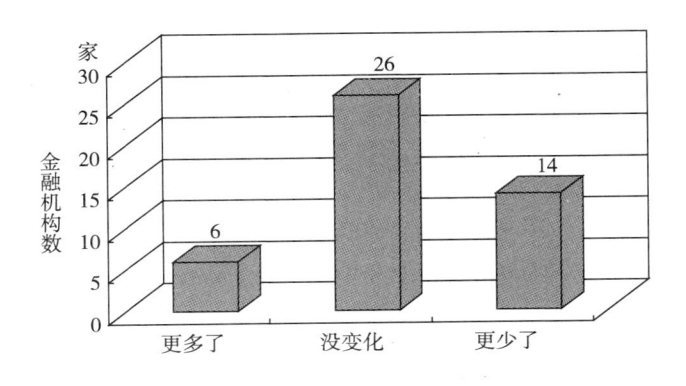

注：第一批试点省份。

图2-7 信用社改革后人民银行的检查次数变化

其次，大多数联社主任认为本机构的监管负担在改革前后没有明显的差异，约占三分之二，另外各有比例相若的联社主任认为监管负担加重了或减轻了。值得注意的是，尽管绝大多数信用社认为监管部门没有干预过多，但仍有超过20%的信用社抱怨监管部门干预过多。

最后，由于信用社又增加了省联社的监督和管理，人民银行监管次数也没有减少，对信用社总的监管负担是增加了。

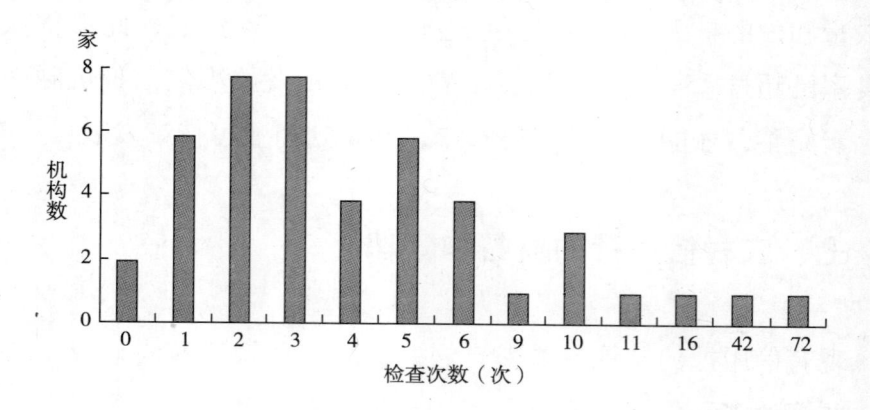

注：第一批试点省份。

图 2-8　省联社对县联社检查次数（平均6.4次）

成立省联社对信用社和县（市）联社而言是喜忧参半，表2-23是对省联社的得失分析。

表2-23　　　　　　　　成立省联社的得与失

得	失
1. 管理方面：实施有效行业管理	1. 监督管理：行政干预过多，与银监会监管存在重复；信用社点多面广，统一管理很难到位
2. 维权：有利于维护信用社的合法利益和政策代言人，争取地方政府的支持	2. 治理结构：干预信用社人事和经营管理
3. 归属感：信用社职工有归属感	3. 费用支出：管理费用较高，增加了信用社的负担

续表

得	失
4. 业务：有利于结算体系的建立	
5. 企业文化：树立整体形象	
6. 培训：有利于加强信用社职工的培训	

关于省联社的主要工作，大部分县（市）联社主任认为包括以下几项（依重要性排序）：为行业发展服务、财务管理、资金调剂、人员任命和违规检查。目前，省联社的主要工作中，除了为行业发展服务外，人员任命、资金调剂和财务管理是与国发 15 号文件相违背的超范围职能。表 2-24 列出了第一批试点省份省联社的主要职能。

表 2-24　　　　第一批试点省份省联社的主要职能一览表

	人员数量	管理费收取	党的关系管理方式	人员任免
浙江	机关 49 人，11 个办事处 218 人	各项收入的 5‰	地方属地管理	省联社提名，理事会通过，银监会审核资格
江苏	61 人	各项收入的 5‰	地方属地管理	省联社提名，理事会通过，银监会审核资格
山东	机关 58 人，办事处 138 人	各项收入的 5‰	地方属地管理	省联社提名，理事会通过，银监会审核资格
吉林	机关 38 人，办事处 24 人	省联社收各项收入的 5.86‰ 市联社收 3.06‰	省里统一管理	省联社提名，理事会通过，银监会审核资格
江西	39 人	各项收入的 5‰	省里统一管理	省联社提名，理事会通过，银监会审核资格
陕西	82	各项收入的 10‰	地方属地管理	省联社提名，理事会通过，银监会审核资格
重庆	88	各项收入的 4.7‰	市统一管理	市联社提名，理事会通过，银监会审核资格
贵州	54	从各项收入的 1% 逐步下降到 0.5%	地方属地管理	省联社提名，理事会通过，银监会审核资格

注：绝大多数省联社均有资金集中使用或调剂的行为。

由于我国地区差距很大，不同地区信用社发展水平和面临的发展障碍也不一样，全部一刀切采用省联社模式也是与国发15号文件强调的因地制宜相违背的。中西部地区的信用社处于垄断的环境中，可能需要省联社规范其经营，加强人员培训，防止违规经营，省联社作为过渡性机构，有其存在的合理一面；但在沿海发达地区，信用社本身规模很大，经营能力较强，又处在一个竞争激励的环境中，更需要创新，而目前省联社对信用社的业务管理，妨碍了当地信用社的创新。此外，发达地区有更强的股东意识，这些地区更应采用市场化的改革方式。在这些地区，是否可考虑允许好的信用社兼并差的，允许一个县或一个地区有几家信用社存在，允许好的信用社跨区经营等。

目前，省联社均有把资金集中上来统一使用的冲动。一些省联社以所谓的"社团贷款"，或调剂资金为名集中资金，可能隐藏很大的风险。新疆信用社一直经营很好，就是由于将资金拆借给德隆造成很大经济损失；目前，重庆的信用社热衷于在重庆发放房地产贷款，同样隐藏风险。

八、农村信用社改革方案总体评价

农村信用社改革中推行的"花钱买机制"无疑是金融改革的一大创新。然而，由于改革过程中忽略了地区性差异和机制的灵活性，其必然结果是改革有利于一些地区而不利于另外一些地区。

第一，从改革后信用社的盈利能力来看存在着很大的差别。图2-9是联社主任有关本联社实现全面盈利所需要的时间。所谓全面盈利是指在消化历年亏损挂账、按照五级分类提足呆账准备金、股东按一年期的存款利率分红的条件下实现盈利。平均而言，信用社全面盈利所需要的时间为 3.2 年，信用社全面实现盈利所需时间反映了全国各地信用社经营状况千差万别。

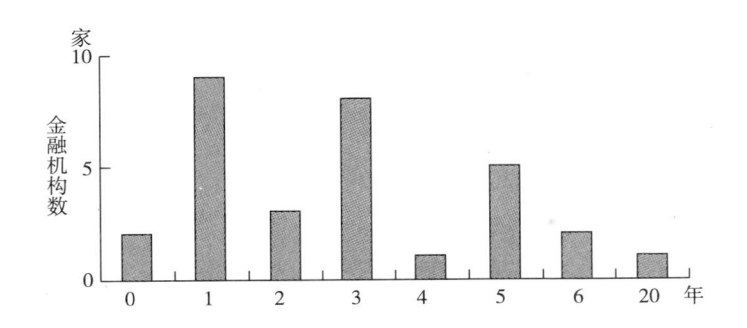

注：第一批试点省份。

图 2-9　全面实现盈利所需要的时间（31 个观察值，平均为 3.2 年）

第二，中央银行票据兑付条件是否过高？调查发现，认为过高和认为不高的几乎各占一半（见图 2-10）。全国各地信用社千差万别，而国发 15 号文件对所有信用社均采用 50% 的资金支持力度。事实上，一些信用社按目前的盈利水平需要至少一二十年才能消化

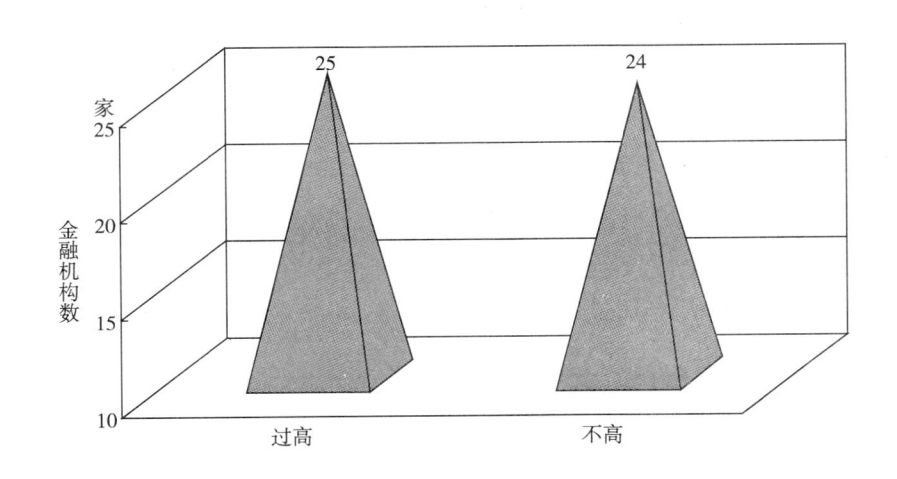

注：第一批试点省份。

图 2-10　央行票据的兑付条件是否过高？

历史包袱，而一些信用社无须努力就可获得中央银行的资金支持。这就提出在设计方案时，除了应有约束机制外，还应制定使信用社通过努力就能达到的目标，否则，信用社主任就会懈怠，或采取欺骗手段获得优惠政策，无法达到"花钱买机制"的初衷。

如果根据现有改革方案设计，中央银行票据兑付条件如过高，具体体现在哪些方面呢？这主要包括以下几个方面：（1）事实上存在着"鞭打快牛"的现象。对原本资产质量较好的信用社或联社，要求其不良贷款指标在原有的基础上再进一步下降有较大的难度。（2）在现有的股权结构之下，对股东的合规性要求过严。一些地方由于股东入股的积极性较差，不得不变相"以存转股"或承诺高额分红等形式增资扩股。

第三，由于没有合理的核查机制，信用社的资产情况不实。从农村信用社的回答情况看，有78%的信用社认为2002年底的资不抵债额真实，但没有农村信用社认为高估了，有22%的信用社认为2002年底的资不抵债额低估了将近28.31%。

第四，地方政府资金不到位。中央银行置换了信用社资不抵债额的一半，还有一半激励地方政府和信用社共同化解。有15家农村信用社认为地方政府支持不够，11家认为中央银行票据支持太少，也有信用社指出改革没有解决农村信用社治理结构的问题，此外，还有信用社认为目前信用社的税负较重。在目前农村信用社普遍亏损，呆账准备金提取不足的情况下，仍然征收信用社的营业税和所得税不利于鼓励农村信用社支持"三农"。如何将税收减免与支持"三农"挂钩是急需研究的问题。

第五，从对信用社改革试点的预期来看，也呈现出差异化的局面。表2-25列出了若干与改革目标相关的问题，尽管对这些问题的回答有可能受到"政治正确"的影响，但我们还是可以从中看出联社主任对改革的信心。对"改善治理结构的要求能否实现？"这一问题，有53.1%的被访者认为肯定行，其余的被访者则不那么确定。被访者对改革后"能否避免地方政府的干预"最不具信心，只有三分之一稍强认为肯定能。被访者对改革后"能否实现盈利"的信心最强，这表明，央行票据部分解除了信用社的历史包袱，对大部分信用社来说是个利好的消息。那么，改革"能否达到花钱买机制的目的"呢？有55%的联社主任认为肯定能，不确定的约占45%。让人惊讶的是，对于改革"是否符合本机构的需要"这一问题，不确定的人数几乎比确定的人数多了将近一倍。

表2-25　　　　　　　　信用社改革预期　　　　　　　　单位：%

	肯定能	有可能	不可能
1. 改善治理结构的要求能否实现？	53.1	44.9	2.0
2. 能否避免地方政府干预？	34.7	44.9	20.4
3. 改革后实现盈利的可能性？	63.3	28.6	6.1
4. 能否达到花钱买机制的目的？	55.1	42.9	2.0
	符合实际	比较符合实际	不符合
5. 是否符合本机构的需要？	34.7	61.2	4.1

第六，我们请联社主任列出"你认为本地信用社发展的最大障碍"，结果见表2-26。从回答结果看，联社主任将农信社亏损主要归结为外部因素。其中强调历史包袱沉重的最多，这也反映目前农村信用社改革既要求其支持"三农"，又要其商业可持续发展，多目标的改革方案，必然产生道德风险，无法区别哪些是由于政策性贷款造成的损失，哪些是由于信用社自身经营不善或奢华消费造成的。强调经营环境较差的信用社也较多，如硬环境较差—结算渠道不畅，软环境较差如优质客户太少，信用环境太差，也有强调竞争太激烈的信用社，主要是发达地区的农信社，此外，还有信用社强调监管过严和省联社管理过多。

表 2-26　　　　　　　　信用社发展的最大障碍　　　　　　　单位：家

	联社数
1. 历史包袱太重	40
2. 结算不畅	38
3. 信用环境太差	30
4. 本地金融机构竞争太激烈	26
5. 优质客户太少	22
6. 监管过严或省联社的控制太多	13
7. 资金成本过高，而贷款利率太低	11
8. 资金紧张	10
9. 当地政府干预太多	9

九、农村信用社的改革方向

我国企业改革的经验告诉我们，一个有效的治理结构是可以将企业的责权利最终统一于一个或数个明确的自然人的。这样的自然人可以承担企业经营好坏的最终责任，要做到这一点，该自然人必须同时拥有企业经营完整的权利和享受企业经营成果的完整权利。尽管信用社私有化不是这一次改革的选项，但是如果一个私营的信用社能够实现责权利的完整统一，应该是未来可能的选项之一。

首先，农村信用社私有化是否是改革的方向？表 2-27 的结果显示，第一批试点的信用社认为可能是的占 45.8%，不是的占 52.1%；第二批试点的信用社认为私有化是改革方向的占 30.4%，不是的占 56.5%。

其次，对于如果信用社私有化以后，是否愿意经营属于自己的信用社这样的问题，回答愿意和可能愿意的在第一批试点信用社和第二批试点信用社均占到 90% 左右。

表 2-27　　　　　　　信用社私有化

1. 信用社私有化是不是改革的方向？	肯定是	可能是	不是
第一批试点省份（观察值：48）	2.1	45.8	52.1
第二批试点省份（观察值：23）	13.0	30.4	56.5
2. 如果信用社私有化，你是否愿意经营一个属于你自己的信用社？	愿意	有可能愿意	不愿意
第一批试点省份（观察值：43）	48.8	39.5	11.6
第二批试点省份（观察值：22）	40.9	50.0	9.1
3. 如果在本地新成立一家私人银行，是不是能够盈利？	肯定能	有可能	不能
第一批试点省份（观察值：49）	36.7	55.1	8.2
第二批试点省份（观察值：22）	45.5	54.5	0
4. 如果允许信用社自行决定是否加入县联社，是否可行？	肯定行	可能行	不行
第一批试点省份（观察值：49）	10.4	37.5	52.1
第二批试点省份（观察值：22）	4.3	47.8	47.8

再次，如果本地成立一家私人银行，能否盈利？答肯定能和可能的第一批试点信用社达到 90% 以上，而第二批试点信用社甚至为 100%。

最后，如果允许信用社自行决定是否加入县联社，是否可行，尽管这一问题与联社主任的利益相冲突，但回答肯定行和可能行的仍然各占到 50% 左右。

十、初步结论与政策建议

从 1996 年《国务院关于农村金融体制改革的决定》颁布到现在，我国农村金融改革已经走过了近十个年头。从商业金融与政策性金融的分离，到这次以微观机制再造为核心的农村信用社改革试点，农村金融和农村信用社改革的步伐从来没有停止过。农村金融

改革的目标也越来越清晰，那就是要将包括农村信用社在内的现有农村金融体系改造成既能满足农村地区中小企业和农户的有效资金需要，又能实现商业可持续发展的现代农村金融体系，而商业可持续则是农村金融机构能够有效满足农村地区金融需求的前提。

（一）我们已经做了什么？

2003年开始的农村信用社改革试点是我国金融改革中首次将我国企业改革的成功经验引入到金融改革中，即将改革的推动权从中央下放到地方，将改制引入到金融机构中。改革方式的创新对我国未来农村金融改革和发展具有重大的历史意义。

具体地，这次农村信用社改革在以下几个方面取得了重要进展：

第一，与以往只给政策不给资金的改革方式不同，这次改革正视长期以来我国农村信用社承担的改革成本和各种历史包袱。表2-28反映了第一批农村信用社改革试点的资金成本。农村信用社改革全部完成，大约需要1 650亿元资金化解农村信用社的历史包袱。使得农村信用社可以公平地与其他金融机构展开竞争，减负以后的农村信用社的市场价值也开始显现出来。

表2-28　　　　　第一批信用社改革试点的资金成本　　　　　单位：亿元

	央行专项票据	央行专项贷款	保值补贴额	估计每年所得税减免额	央行支农再贷款
重庆	24.1		0.6	0.9	21
贵州	7.19		0.3	0.13	24
吉林	48.66	2.46	1.68	0.85	27
江苏	71.86		1.2	0.2	65.2
江西	25.91		3.13	0.1	25
陕西	31.06		5.9	0.25	44
山东	131.86		16.3	0.9	95
浙江	37.85		0.98	3.76	24
合计	378.49	2.46	30.09	7.09	325.2

第二，对原本以合作制为基础的农村信用社进行了大规模的股权改革，并首次增设了投资股，充实了资本金，彻底改变了"小马拉大车"的畸形制度安排，提高了信用社的抗风险能力，不仅明晰了产权，更奠定了农村信用社独立承担民事责任的基础。

第三，省联社的成立是对农村信用社管理方式的一次重要改革，具有两方面的积极作用：（1）明确了信用社的监督和管理权限；（2）有利于规范和提高基层信用社的经营管理能力。

（二）现有农村信用社改革试点具有阶段性特点

与其他领域内渐进式改革相同，这次的农村信用社改革也具有明显的阶段性特征。

第一，在改革试点过程中，决策者希望用一种成功的模式取代现有不成功的模式，并将信用社本身的成功视作改革的成功，从而忽视了多样化创新的需要。在现有改革模式下，真正获益的只是一部分信用社，即历史包袱较重但盈利前景又相对较好的信用社，也就是说，中部地区的信用社获得较大的利益。表2-29表明，山东（山东实际介于沿海和中部地区之间）、江西和吉林3省获得的央行票据占8省份的比例远超过其贷款余额的比例，3省平均高出20个百分点。经济较不发达的重庆、陕西和贵州获得的央行票据与其贷款余额从比例上看基本相若。经济较为发达的江苏和浙江所获得的央行票据占比低于贷款余额占比20个百分点。因此，有理由相信，这次改革试点有可能在中部地区产生较为积极的影响，而对沿海和西部地区的影响相对较小。对沿海地区而言，农村信用社的不良贷款比率较低，其经营方式也接近于商业银行，即使没有这次改革仍然可以保持一个良好的发展势头。问题较大的是西部省份，由于缺少足够的盈利机会和灵活的体制，商业可持续发展就很难实现。对这一部分地区而言，更为重要的是要寻找其他金融组织形式创新，而不是单纯改革现有的体制。

表 2-29　　　　　　　　央行票据与贷款余额

	央行专项票据（亿元）	占比（%）	2002年贷款余额（亿元）	占比（%）
重庆	24.1	6.37	284.83	5.72
陕西	31.06	8.21	358.48	7.20
贵州	7.19	1.90	125.5	2.52
小计		16.48		15.44
吉林	48.66	12.86	160.18	3.22
江西	25.91	6.85	237.29	4.77
山东	131.86	34.84	1 402.01	28.17
小计		54.55		36.16
江苏	71.86	18.99	1 070.21	21.50
浙江	37.85	10.00	1 338.86	26.90
小计		28.99		48.40
合计	323.33	100	4 334.05	100

第二，现有农村信用社改革试点没有完全吸取企业改革中的经验，我国国有企业改革的成功经验是"抓大放小"；而我国乡镇企业改革的成功经验是改制，让企业的经营者拥有相对多数的股份。而现有的股权结构过于分散，代理人成本较高，股东或股东代表大会没有意愿、也很难对经营者形成有效的制约。这一情形与早期国有企业和乡镇企业改制时过分强调职工持股的情形十分类似，而这些企业都无一例外地进行了第二次、甚至第三次改制。

第三，农村信用社账面上资本充足率提高了，扭转了亏损趋势，但实质上掩盖了不同地区农村信用社由于地区差异而存在的"水土不服"。从我们的调查看，这种资本充足率的提高主要是通过以下手段取得：(1)存款化股金；(2)贷款的同时强制扣留股金；

（3）政府承诺分红补贴。通过这三种方式提高的所谓股金，必然导致产权改革与治理结构完全割裂，同时由于这种方式给股东的回报远高于其实际资产回报，股东变相侵占了存款人的利益，实质是以存款支付红利，与成立统一法人和省联社一样，将问题掩藏，最终窟窿越积越大，形成系统风险，中央银行被迫救助。

第四，信用社交给地方政府管理也没有真正落实。不可否认8省份地方政府对信用社比以前更关心了，但主要目的是要达到兑付人民银行专项票据的要求。这次改革重组建机构，重尽快落实优惠政策。

为配合中央扶持政策，8个试点省（市）结合实际出台了本地区支持农信社改革的政策措施。重庆出资数亿元帮助农信社置换不良资产；贵州5年内每年拿出800万元作为农信社发展基金；江苏以不同方式安排10多亿元资金支持农信社；吉林通过优质资产置换、财政资金补贴等方式支持农信社增资扩股、降低不良资产，试点开始以来增扩股金60多亿元；山东在地市、县（市）财政预算中安排对农信社的补贴资金；浙江省政府下发专门文件，明确对农信社有关税费进行减免、组织存款等扶持政策；江西、陕西也提出了不同形式的支持政策和措施。除此之外，8个省（市）还都采取了不同措施帮助农信社清收不良资产，打击逃废债，营造良好的信用环境。

尽管制定了《关于明确对农村信用社监督管理职责分工指导意见》（国办发〔2004〕48号），但地方政府只负责处理风险，并不承担损失；银监会只协助省政府处理风险，并不承担监管不到位的责任；人民银行仍然是信用社经营亏损和银监会监管不到位的兜底机构。

农业部的问卷调查显示，地方政府和省联社均认为地方政府与银监会及其分支机构权力和责任不对称。地方政府在信用社准入、监管和退出上无自主权，却要承担信用社出风险的责任。事实上，按照目前的财政体制，信用社交给地方管理也不可能真正实现。

第五，存在以管理代替监管的倾向。由于不存在信用社的退出机制，监管部门难以行使退出监管的权力，退而将监管重点放在违规经营的审查上。而省联社更是通过人事任命权直接干预信用社的经营。以管理代替监管的最终结果是，信用社不须承担经营不善的后果，当由于宏观经济形势变化而导致大量不良贷款时，最终风险仍由国家承担。

第六，农村信用社的市场约束没有建立。这一次农村信用社改革过程中，以县为单位行政组建的统一法人，以省为单位强制加入省联社，进一步强化了信用社在农村金融市场中的垄断地位。没有竞争的农村信用社改革，必然是政府推动的改革，信用社自身并无改革的动力，这样的改革是不可能取得成功的。

（三）现有的农村信用社改革没有有效的道德风险约束机制

国发15号文件和中央银行资金支持方案设计了一整套激励机制，来鼓励地方政府和农村信用社完善治理结构、消化历史包袱，但方案中缺乏相应的宏微观层次的约束机制。约束机制主要是两点：一是是否建立了市场约束机制；二是能否防止地方政府、监管部门和信用社共谋。这两方面约束机制直接关系到信用社长期正向激励机制的建立，即既防范道德风险又不损害信用社的商业可持续发展。

要完善农村信用社治理结构，必须要有市场竞争；而要形成一个有效竞争的市场，就必须开放农村金融市场。建立市场约束机制要求农村金融改革整体推进，仅仅依靠农村信用社的改革是不可能取得成功的。开放农村金融市场，是解决农村金融问题的关键。农村金融的需求是多元化的需求，多元化的农村金融需求呼唤多种形式的农村金融组织形式。开放农村金融市场必须采取市场化的方式，而不能采取行政推动方式。如是不是允许民间资本和外资入股信用社或成立新的农村金融组织，鼓励非政府组织小额信贷，是不是让民间融资浮出水面，是不是允许盈利信用社自主选择加入联社，是不是允许县联社自主加入省联社，保留在省联社之外，允许盈利信用社跨区兼并亏损信用社或盈利信用社之间自愿合并。

当然，要形成良好的市场约束机制，在开放农村金融市场的同时，还必须要有一些配套措施，从监管机构来说，要建立正向激励的监管机制，因此，改革是否成功的关键，还要看银监会今后对信用社的监管如何，能不能把经营绩效差的金融机构清除出金融市场。监管当局根据金融机构的资本充足率的变化采取相应的纠正措施，多次采取纠正措施仍未取得效果，应根据最小清算成本原则，在资能抵债前关闭或撤销金融机构。此外，通过建立存款保险制度，由地方政府负责，就能落到实处了。从目前农村信用社的改革方案来看，是农村信用社单兵突进的改革，未能建立起市场约束机制。

现有的农村信用社改革方案缺乏微观机制的设计。这一次改革过于强调机构合并和换牌子，忽略的恰恰是最需要改革的机制。如果问信用社的主任，改革前与改革后有什么不同，他会告诉你，原来的二级法人变成了一级法人；原来县联社由人民银行主管，现在则归省联社主管。尽管有增资扩股，有资格股和投资股，但信用社主任和县联社主任仍然由上级主管部门任命，股东无从置喙，股东大会、监事会等成了摆设。由于股东的权利与责任严重不对称，股金变成了定期存款，股东的主要目的是获得贷款上的便利和利息优惠。信用社的激励机制、监督机制、退市机制等与信用社经营息息相关的微观机制在改革设计中几乎没有提及，信用社还是有信贷支农的挡箭牌，道德风险问题仍然没有根本解决。

中央银行两种资金支持方式相比，显然对各省来说专项票据要

优于专项借款。但中央银行对发行和兑付设置了一系列的条件，以鼓励不同地区的信用社根据本地实际情况选择适当的资金支持方式。但第一批试点省份最终只有吉林一个县选择了专项借款，第二批试点省份无一例外选择了专项票据。事实上，相当多的信用社是不可能达到中央银行专项票据的发行和兑付条件的。这些信用社敢于选择专项票据，其中缘由不言自明。

（四）我们还需要做什么？

下一步的农村信用社改革应该实现两个根本转变：一是从单纯改革农村信用社向整体农村金融改革转变，将改革的视角从农村信用社本身移向其他可能替代农村信用社的金融组织形式；二是从管理向监管转变，将农村信用社的管理权从银监会和省联社向股东移交，同时加强对农村信用社的退出监管，在单个农村信用社的风险与农村金融风险之间建立起防火墙。

第一，将农村信用社的单一体制转变成多样化的农村金融体制。对第二批改革试点的省份而言，应该允许基层信用社自主决定是否加入县（市）联社，允许一个县（市）的信用社组织两个以上的信用社联社或信用社，以利于信用社之间的竞争。在第一批改革试点省份，应该允许现有信用联社按一定的条件重新注册为商业银行，同时应该允许按照一定条件和程序设立新的信用社、信用互助社、贷款公司或其他金融组织形式，让不同的金融组织形式服务于细分的金融市场，解决中小企业和农户的贷款难问题。

第二，进一步改革信用社的股权结构。改革后的信用社体制具有合作制的外壳（如合作制要求股权较为分散）、集体企业的运作方式（经营者的责权利不统一）和政府的脑袋（管理当局按照政府的目标而不是商业目标管理农村信用社），这样的制度安排在现有的企业理论中是找不到任何根据的。一个必然的改革方向是允许一部分股东逐步拥有相对控股的位置，将责权利统一于股东，由股东选择符合任职资格的经营者。为防止大股东掏空信用社，需要立法对信用社的主要股东或控股企业进行监管。

第三，在前两项改革的基础上，强化信用社的退出机制。监管当局不应将被监管者的绩效当作其监管目标，这是股东应该关心的，监管当局关注的重点是：（1）按照有关规定审核进入者资质；（2）对金融机构进行分类管理，对资产质量较差的金融机构及时提出限期改正措施；（3）对限期不能改正的金融机构实施破产。

第四，培育市场约束机制。金融机构的外部约束需要一系列的金融中介机构和相配套的市场机制来完成，金融中介机构包括征信机构、信用评级机构、担保再担保机构等；市场配套机制则包括金融机构外部兼并的可能等。

第五，实行国家和地方分级监管。参照美国联邦和州立银行分权法案，将部分农村金融立法地方化，以推动农村金融的多样化改革。同时，将现有省联社改造为地方中小金融监管局，根据地方金融立法对中小金融机构进行监管。为了创造监管竞争，鼓励创新，应该允许金融机构自愿选择接受地方金融监管还是接受银监会监管。

中国农村金融论坛
CHINA RURAL FINANCE FORUM

第三篇

大型商业银行服务"三农"的模式研究（2010年）①

---

① 本篇发表于《金融研究》2010年第8期。

我们通过建立硬信息和软信息框架下的委托代理模型，分析了银行内部贷款审批权分配和激励机制设计，有助于理解大型商业银行服务"三农"的三个关键问题：硬信息和软信息框架下的信息不对称；合理设置基层分支机构的贷款审批权；合理设置基层分支机构的激励机制以控制其在贷款审批中的道德风险。在此基础上，利用相关数据，我们对四大国有商业银行县级支行贷款审批权进行了实证分析，并提出了若干政策建议。

一、引言

"三农"金融与中小企业融资在很大程度是重合的，相关问题一直备受全社会关注。近年来，相关政府管理部门从不同方面出台了一系列政策解决中小企业融资难问题，比如，要求所有大中型银行设立专门为中小企业金融服务的专营性机构，有的叫"小企业信贷中心"，有的叫"小企业事业部"等，特别是中国农业银行成立服务"三农"的"三农金融事业部"；建立中小企业贷款担保基金和担保机构；推动中小企业板和创业板的发展；大力发展新型农村金融机构和小额贷款公司；扩大抵押品范围；逐步放开利率浮动范围等。当前，鉴于大型商业银行仍然是我国金融体系的主体，如何引导大型商业银行服务中小企业融资是解决中小企业融资难问题的重要方面。

直到20世纪90年代中期，我国地方政府对金融特别是银行信贷投放普遍存在行政干预。当时有一个错误的观念，认为谁干预多，谁融资就多，地方经济发展就快。亚洲金融危机爆发后，我国开始明确要求地方政府减少对银行信贷的干预，并将国有银行行长的人事关系上收，各大银行也实行授权授信，将贷款权上收，并开始实行信贷员的贷款终身责任制。随后，银行的贷款对象开始追求

大城市、大项目和大企业，中小企业贷款难的问题开始显现。我们认为大型商业银行服务中小企业融资要解决三个关键问题：一是硬信息和软信息框架下的信息不对称。二是合理设置基层分支机构的贷款审批权。大型商业银行的基层分支机构是贷款审批流程中最早接触中小企业、对中小企业信息掌握最充分的层级。银行内部贷款审批权如何分配，对中小企业融资、银行利润乃至地方经济发展都有直接影响。三是合理设置基层分支机构的激励机制以控制其在贷款审批中的道德风险。如果没有解决好这三个关键问题，仅仅靠成立专门为中小企业金融服务的专营性机构或"三农金融事业部"无法根本解决中小企业融资难问题。

我们建立了一个硬信息和软信息框架下的委托代理模型，对银行内部贷款审批权分配和激励机制设计进行了全面分析。我们利用中国经济研究中心2005年金融生态环境调研数据，结合中小企业融资问题，对四大国有商业银行县级支行的贷款审批权进行了实证分析。在理论和实证分析的基础上，我们探讨了如何解决前述三个关键问题，认为：应鼓励银行通过实地考察收集和积累关于中小企业的包括非财务信息在内的软信息；应建立中小企业违约信息通报机制；应适当扩大基层分支机构的贷款审批权；基层分支机构的薪酬应与中小企业贷款业务的利润挂钩。我们还认为，在一些只有中小企业和农户的农村地区，应在建立有效激励机制的前提下让基层分支机构处理全部贷款申请，为此可以采用控股公司的形式，将基层分支机构重组为独立法人机构。

二、文献综述

我们研究的问题是企业内部权力分配这一更广义问题的特殊情形。Jensen 和 Meckling（1992）在特定知识（specific knowledge）

和一般知识（general knowledge）框架下研究了企业内部权力的分配。他们提出，特定知识是传递成本太高的知识，一般知识是传递成本不高的知识。要基于特定知识决策，必须将决策权力分配给掌握特定知识的人，不分权会产生信息成本。但因为企业内部各层级的目标函数不一致，分权会带来代理问题，产生代理成本。因此，最佳分权水平必须平衡信息成本和代理成本。近年来许多研究者使用硬信息（hard information）和软信息（soft information）的概念，硬信息相当于一般知识，软信息相当于特定知识。Petersen（2004）对硬信息和软信息方面的研究进行了全面综述，从特征、收集方式和认知因素三个方面比较了硬信息和软信息，见表3-1。Stein（2002）从公司内部信息生产和传递的角度，研究了不同组织形式做投资决策的效率，从理论上严格证明了以下结论：如果投资决策依据软信息，则分权（decentralized）的组织形式较为合适；如果投资决策依据硬信息，则层级（hierarchical）的组织形式较为合适。Berger and Undell（2002，2006）根据使用企业信息的不同将银行贷款技术分成交易型贷款和关系型贷款两类。交易型贷款使用企业财务报表和信用评分等硬信息。关系型贷款使用银行在与企业的长期

表3-1　　　　　　　　硬信息与软信息的比较

	硬信息	软信息
特征	一般以数字形式存在，是定量的	一般以文字形式存在，是定性的
收集方式	可以是非人格化的	必须是人格化的
认知因素	不含主观判断、意见或观察	主观判断、意见和观察是软信息的一部分
引申	硬信息更客观和量化，独立于所处语境，在传递过程中不易失真。软信息的主观和定性成分较多，不能脱离所处的语境，在传递过程中易失真。因此，硬信息容易被传递，软信息不易被传递。硬信息的收集和使用可以分开。而软信息的收集和使用不易分开，软信息的收集者和使用者一般是同一个人。	

和多渠道的接触中积累的关于企业的、不能从企业财务报表或公开渠道获得的信息，多属于软信息。Berger and Undell（2002，2006）指出，中小企业贷款一般属于关系型贷款，硬信息和软信息框架下的信息不对称是中小企业融资的关键问题。Berger, et al.（2005）基于 Stein（2002）的研究对不同大小的银行的放贷行为进行了实证分析，认为小银行更适合服务中小企业融资。

目前尚无文献用硬信息和软信息框架研究银行内部贷款审批权分配，比较接近的是 Park and Shen（2008）。在 Park and Shen（2008）的模型中，银行有中心行与分支行两个层级。银行与企业之间存在信息不对称。企业拿到贷款后只能以一定概率偿还贷款，而银行不一定准确地知道这个概率。关键假设是分支行能利用当地信息（local information），中心行没有这个能力，因此分支行能准确获知企业还贷概率，而中心行只知道还贷概率的大概取值。所以由中心行做贷款决策不能实现贷款的有效配置，将贷款决策权交给分支行符合银行利益。但有两个因素使中心行不将贷款决策权交给分支行，其中一个是代理问题：企业可能向分支行行贿，政府也可能影响分支行的贷款决策，这些都会使分支行向资质不够的企业放贷，从而减少银行利润。[①] Park and Shen（2008）的当地信息实质相当于软信息。在 Park and Shen（2008）中，企业的贷款金额是一样的，分支行拥有当地信息，而中心行完全不拥有当地信息，银行内部贷款审批权分配的形式比较简单，中心行或分支行要么拥有全部的贷款审批权，要么完全没有贷款审批权。

我们在 Park and Shen（2008）的基础上进行了几个关键改进和

[①] Park and Shen（2008）提出的另一个因素是承诺失败（commitment failures）：因为分支行具有信息上的优势，由分支行做贷款决策不能形成可信的承诺（也就是使坏的企业相信银行不会提供后续贷款），从而不会硬化企业的预算约束，而由中心行做贷款决策则能较好地解决企业的软预算约束问题。本文没有考虑这一情形。

创新。第一,明确引入硬信息和软信息框架,建立了一个硬信息和软信息框架下的委托代理模型。第二,引入企业信息中硬信息和软信息比重的异质性,更细致地研究银行内部贷款审批权分配,内生地得到了贷款的分级审批制。第三,讨论了最优激励机制设计这一在中小企业融资文献中讨论不多的问题。实证上,我们基于全国范围内的调查数据,分析了四大国有商业银行县级支行的贷款审批权,突破了相关研究主要为案例分析的状况。

三、理论分析

理论模型将银行抽象成中心行与分支行两级并纳入委托代理框架。假设银行与企业之间存在信息不对称。企业有两个特征:贷款金额和经营风险。中心行与分支行都能观察到贷款金额;分支行能观察到经营风险,但中心行只能以一定的概率观察到经营风险,且该概率是贷款金额的增函数。中心行如果将贷款申请委托给分支行审批,会有两种方向相反的效应:分支行具有信息优势,能提高贷款的配置效率;但分支行的目标函数与中心行不一致,会产生代理问题。中心行为最大化利润,决定贷款审批权在中心行与分支行之间如何分配以及分支行的激励机制。

(一) 模型设置

1. 基本假设

假设银行分成中心行与分支行两级。中心行决定是否将一部分贷款申请委托给分支行处理,并提供一定激励使分支行的决策与自己的利益一致。分支行对委托给自己的贷款申请独立于中心行作出决策。

假设中心行和分支行都是风险中性的。银行的资金成本是 r_i,贷款利率是 r_l。假设 r_i 和 r_l 均是外生给定的,并且 $r_i < r_l$。令 $R_i =$

$1+r_i$，$R_l=1+r_l$。

企业的类型用 (L,θ) 来刻画，其中 $L\in[0,1]$ 是企业的贷款金额[①]，$\theta\in[0,1]$ 表示企业获得贷款后经营成功的概率。假设 L 与 θ 相互独立，L 的概率分布函数为 $G(L)$，θ 服从 $[0,1]$ 上的均匀分布。假设 (L,θ) 的分布是公共知识。

假设企业只有在经营成功时才能偿还贷款：企业 (L,θ) 经营成功时（概率为 θ）的收入为 R_cL（$R_c>R_l$），经营失败时（概率为 $1-\theta$）的收入为 0。如果银行给企业 (L,θ) 贷款，企业经营成功时，银行收入为 R_lL；企业经营失败时，银行收入为 0，从而银行的期望利润为 $(\theta R_l-R_i)L$。只有 $\theta\geqslant\theta_P=\dfrac{R_i}{R_l}$ 的企业 (L,θ) 才能给银行带来正的期望利润，给 $\theta<\theta_P$ 的企业 (L,θ) 贷款不符合银行利益。

2. 硬信息、软信息和分支行相对中心行的信息优势

假设对银行而言，企业的贷款金额 L 可观测，但取决于银行掌握的信息，经营成功概率 θ 不一定可观测。

一般而言，较大的贷款金额 L 对应着较大规模的企业。对硬信息和软信息的研究表明，企业越大，能提供的硬信息越多。因此假设企业 (L,θ) 的信息中硬信息的比重是 $P(L)\in[0,1]$，$P(L)$ 是关于 L 的严格单调递增函数。为模型简便，假设 $P''\geqslant 0$。在贷款审批流程中，企业信息在银行内部有自下向上传递。假设分支行掌握企业的全部信息，但只能将企业信息中的硬信息部分传递到中心行。如图 3-1 所示。

假设分支行能以概率 1 观测到企业 (L,θ) 的经营成功概率 θ，中心行以概率 $P(L)$ 观测到企业 (L,θ) 的经营成功概率 θ，以概率 $1-P(L)$ 观测到"背景噪声"——$[0,1]$ 上的均匀分布。即中

[①] 即将贷款的最大金额标准化为 1。

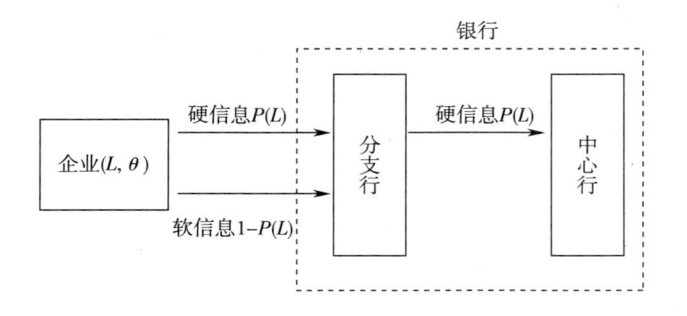

```
                        银行
              ┌─────────────────────────┐
              │                         │
  ┌────────┐ 硬信息P(L) ┌────┐ 硬信息P(L) ┌────┐
  │企业(L,θ)│──────────▶│分支│──────────▶│中心│
  └────────┘           │ 行 │           │ 行 │
        │  软信息1-P(L) │    │           │    │
        └──────────────▶│    │           │    │
              │         └────┘           └────┘
              └─────────────────────────┘
```

图 3-1　企业信息在银行内部的传递

行观测到 $\Theta_\theta = \begin{cases} \theta & 概率\ P(L) \\ u & 概率\ 1-P(L) \end{cases}$，其中 u 为服从 $[0,1]$ 上均匀分布的随机变量。

根据上述假设，中心行能区分贷款金额不一样的企业，不能区分贷款金额一样的企业，因此中心行对分支行的授权是"批量"进行的：对每一个 $L \in [0,1]$，中心行决定是否将 $\{(L,\theta):\theta \in [0,1]\}$ 这部分贷款申请委托给分支行处理。

3. 中心行与分支行之间的代理问题

假设分支行具有与中心行不一致的目标函数，中心行将贷款申请委托给分支行会产生代理问题。参照 Jensen and Meckling (1976)，假设中心行支付的代理成本①由两部分组成：中心行支付给分支行的薪酬；残余成本。

首先考虑中心行支付给分支行的薪酬。假设中心行为使分支行有动力将贷款分配给资质合格的企业，将分支行放贷利润的一定比

---

① Jensen and Meckling (1976) 指出，委托人为使代理人的决策符合自己的利益，要发生一定的代理成本，包括：委托人为监督代理人而支付的监督成本 (monitoring cost)；代理人为保证不会采取损害委托人利益的行为或一旦采取了上述行为就会补偿委托人而支付的约束成本 (binding cost)；在监督和约束下，代理人的行为仍然可能偏离委托人的利益，这对委托人而言，也相当于一部分代理成本，称为残余成本 (residual cost)。委托人的代理成本等于监督成本、约束成本与残余成本之和。本文对代理成本的处理与 Jensen and Meckling (1976) 略有不同，为简便起见，没有考虑监督成本，中心行支付给分支行的薪酬相当于约束成本。

例作为薪酬支付给分支行，记该比例为 $\lambda \in [0,1]$。分支行的激励机制 λ 由中心行的利润最大化问题内生决定。

其次考虑残余成本。参照 Park and Shen（2008），考虑 $\{(L,\theta): \theta \in [0,1]\}$ 中某一个资质不够的企业，也就是 $\theta < \theta_P$。企业 (L,θ) 的期望利润是 $\theta(R_c - R_l)L$，企业可以拿出其中的 $\bar{\mu} \in [0,1]$ 部分，即 $\bar{\mu}\theta(R_c - R_l)L$ 作为贿赂给分支行。另一方面，地方政府威胁分支行，不放贷将受到数额为 $\tilde{\mu}\theta(R_c - R_l)L$ 的惩罚，其中 $\tilde{\mu} \in [0,1]$。分支行给该企业放贷的条件是，分支行得到的贿赂加上免受的地方政府惩罚，高于薪酬的减少量，即 $\bar{\mu}\theta(R_c - R_l)L + \tilde{\mu}\theta(R_c - R_l)L \geqslant -\lambda(\theta R_l L - R_i L)$。所以，分支行给满足 $\theta \geqslant \theta_P - \dfrac{(\bar{\mu}+\tilde{\mu})(R_c - R_l)/R_l}{\lambda + (\bar{\mu}+\tilde{\mu})(R_c - R_l)/R_l}\theta_P$ 的企业放贷。记 $\mu = (\bar{\mu}+\tilde{\mu})\dfrac{R_c - R_l}{R_l}$，$\Delta = \Delta(\lambda,\mu) = \dfrac{\mu}{\lambda + \mu}\theta_P$，$\Delta$ 是 μ 的增函数。因此，两类道德风险问题表达为：在企业的贿赂或政府的影响下，分支行因为道德风险将放贷标准降低到 $\theta \geqslant \theta_P - \Delta$。给 $\theta \in [\theta_P - \Delta, \theta_P]$ 这部分企业贷款不会给分支行造成损失，却会减少中心行的期望利润。这部分损失就是残余成本。

（二）中心行的利润最大化问题以及内生的贷款审批权分配和激励机制设计

中心行决定贷款审批权在中心行与分支行之间如何分配以及分支行的激励机制 λ，以最大化利润。中心行的利润最大化问题由两个子问题构成：第一，给定 λ，对贷款审批权分配做优化；第二，在第一个子问题的基础上，对 λ 做优化。

1. 内生的贷款审批权分配

分支行具有信息优势，能实现资金的有效配置，而中心行不具有信息优势，处理贷款申请时会降低资金配置效率，相当于产生了机会成本，沿用 Jensen and Meckling（1992）的叫法，称为信息成本。代理成本的含义前文已介绍。贷款审批权分配取决于信息成本和代理成本的平衡。给定 $L \in [0,1]$，对贷款申请 $\{(L,\theta):\theta \in [0,1]\}$，中心行权衡信息成本与代理成本，如果信息成本超过代理成本，应该将贷款申请委托给分支行处理；反之，应自己处理贷款申请。

先考虑信息成本。对贷款申请 $\{(L,\theta):\theta \in [0,1]\}$，分支行在不存在道德风险时，给满足 $\theta \geq \theta_P$ 的企业 (L,θ) 贷款。中心行根据观测到的 Θ_θ 做贷款决策。当企业资质不够或 $\theta < \theta_P$ 时，中心行放贷概率是 $\Pr(\Theta_\theta \geq \theta_P) = (1 - P(L))(1 - \theta_P)$。此时中心行存在"过度放贷"，但随着贷款金额增加，$\Pr(\Theta_\theta \geq \theta_P)$ 减小，"过度放贷"逐渐缓解。当企业满足贷款标准或 $\theta \geq \theta_P$ 时，中心行放贷概率是 $\Pr(\Theta_\theta \geq \theta_P) = P(L) + (1 - P(L))(1 - \theta_P)$，不放贷概率是 $\Pr(\Theta_\theta < \theta_P) = (1 - P(L))\theta_P$。此时中心行存在"贷款不足"，但随着贷款金额增加，$\Pr(\Theta_\theta < \theta_P)$ 减小，"贷款不足"逐渐缓解。

因此，中心行处理贷款申请 $\{(L,\theta):\theta \in [0,1]\}$ 时，中心行的期望利润为

$$\int_0^{\theta_P} (1 - P(L))(1 - \theta_P)(\theta R_l - R_i) L d\theta$$

$$+ \int_{\theta_P}^1 (P(L) + (1 - P(L))(1 - \theta_P))(\theta R_l - R_i) L d\theta$$

$$= \frac{1}{2} R_l (1 - \theta_P)^2 L - \frac{1}{2} R_l (1 - \theta_P) \theta_P (1 - P(L)) L$$

其中第一部分是贷款给 $\theta \geq \theta_P$ 这部分企业的期望利润，第二部分是中心行"贷款不足"或"过度放贷"造成的损失。所以贷款申请 $\{(L,\theta):\theta \in [0,1]\}$ 由中心行处理时产生的信息成本为

$$IC(L) = \frac{1}{2} R_l (1 - \theta_P) \theta_P (1 - P(L)) L \qquad (3-1)$$

再看代理成本。分支行处理贷款申请 $\{(L,\theta):\theta \in [0,1]\}$ 时,给 $\theta \geq \theta_P - \Delta$ 的企业 (L,θ) 贷款。中心行获得贷款收益的 $1-\lambda$,期望利润为 $(1-\lambda)\int_{\theta_P-\Delta}^{1}(\theta R_l - R_i)Ld\theta = \frac{1}{2}R_l(1-\theta_P)^2 L - \frac{\lambda}{2}R_l(1-\theta_P)^2 L - \frac{1-\lambda}{2}R_l\Delta^2 L$,其中第一部分是贷款给 $\theta \geq \theta_P$ 这部分企业的期望利润,第二部分对应着中心行支付给分支行的薪酬,第三部分对应着残余成本。从而贷款申请 $\{(L,\theta):\theta \in [0,1]\}$ 由分支行处理时产生的代理成本为

$$AC(L) = \frac{\lambda}{2}R_l(1-\theta_P)^2 L + \frac{1-\lambda}{2}R_l\Delta^2 L \qquad (3-2)$$

命题 3-1 由信息成本和代理成本决定的内生的贷款审批权分配有三种情形:

情形一:在 $(0,1)$ 上总有 $AC(L) > IC(L)$(代理成本总是超过信息成本),此时中心行处理全部贷款申请;

情形二:在 $(0,1)$ 上总有 $AC(L) < IC(L)$(信息成本总是超过代理成本),此时分支行处理全部贷款审批;

情形三:在 $(0,1)$ 上 $AC(L) = IC(L)$ 有唯一的根 L^*,并且 $L < L^*$ 时 $AC(L) < IC(L)$(信息成本超过代理成本),$L > L^*$ 时 $AC(L) > IC(L)$(代理成本超过信息成本),此时分支行处理 $L < L^*$ 的贷款申请,中心行处理 $L > L^*$ 的贷款申请。

若在情形一中定义 $L^* = 0$,在情形二中定义 $L^* = 1$,那么命题 3-1 说明分支行处理 $L < L^*$ 的贷款申请,中心行处理 $L > L^*$ 的贷款申请,L^* 是分支行的贷款审批权限。这样就内生地得到了贷款分级审批制。命题 3-1 可用图 3-2 说明。[①]

[①] 需要说明的是,Jensen and Meckling(1992)不加证明地用与图 4-2 类似的图像(见 Jensen and Meckling(1992)Figure 1)给出了一个关于企业内部最优分权的命题。该命题引用甚广,但 Jesnsen and Meckling(1992)没有给出严格证明。本文在贷款审批权分配的语境下给出了证明。

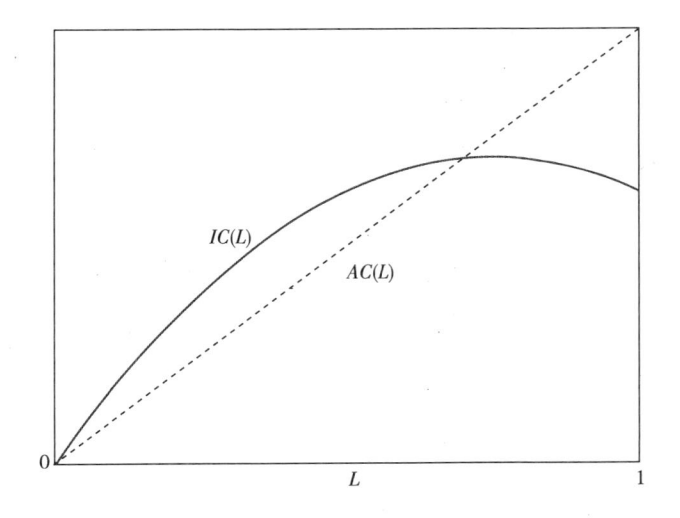

图 3-2 内生的贷款审批权分配

2. 内生的激励机制设计

在内生的贷款审批权分配下，中心行的期望利润等于

$$\int_0^1 \frac{1}{2} R_l L (1-\theta_P)^2 dG(L) - \int_0^1 \min\{AC(L), IC(L)\} dG(L)$$

(3-3)

中心行的利润最大化问题等价于 $\min_{\lambda \in [0,1]} \int_0^1 \min\{AC(L), IC(L)\} dG(L)$。这相当于最小化图 3-2 中 $AC(L)$、$IC(L)$ 与横轴围成的区域的面积。注意到信息成本 $IC(L)$ 与 λ 无关，因此中心行的利润最大化问题等价于代理成本最小化或 $\min_{\lambda \in [0,1]} AC(L)$。分支行的激励机制 λ 通过两个方向相反的渠道影响代理成本 $AC(L)$。一是中心行支付给分支行的薪酬，λ 越大，中心行支付给分支行的薪酬越大。二是分支行的道德风险产生的残余成本，λ 越大，$\Delta = \frac{\mu}{\lambda + \mu} \theta_P$ 越小，分支行的道德风险越受抑制，残余成本越小。当分支行的激励机制 λ 对中心行支付给分支行的薪酬的边际影响与对残

余成本的边际影响在数值上相等时,代理成本 $AC(L)$ 达到最小值,中心行利润最大,此时的 λ 是最优的。

命题 3-2 内生激励机制为:

若 $\theta_P < \dfrac{1}{2}, \mu < \dfrac{2\theta_P^2}{1-2\theta_P}$ 或 $\theta_P > \dfrac{1}{2}, \mu < \dfrac{1-\theta_P}{2\theta_P-1}$ 或 $\theta_P = \dfrac{1}{2}$,最优 λ^* 由以下方程决定

$$(\lambda+\mu)^3 + \left(\mu\frac{\theta_P}{1-\theta_P}\right)^2(\lambda+\mu) - 2(1+\mu)\left(\mu\frac{\theta_P}{1-\theta_P}\right)^2 = 0 \tag{3-4}$$

若 $\theta_P < \dfrac{1}{2}, \mu \geq \dfrac{2\theta_P^2}{1-2\theta_P}$,最优 $\lambda^* = 0$;若 $\theta_P > \dfrac{1}{2}, \mu \geq \dfrac{1-\theta_P}{2\theta_P-1}$,最优 $\lambda^* = 1$。

命题 3-2 说明,除了企业平均资质较高 $\left(\theta_P < \dfrac{1}{2}\right)$ 和分支行道德风险较高 $\left(\mu \geq \dfrac{2\theta_P^2}{1-2\theta_P}\right)$ 的情形外,分支行的薪酬应与放贷利润挂钩。另外由图 3-2 可以看出,其他条件不变时,代理成本 $AC(L)$ 越小,分支行的贷款审批权限越大。因此,中心行在最大化利润的同时,也在最大化分支行的贷款审批权限。以下重点关注企业的硬信息比例等于 0 的情形。

命题 3-3 当企业的硬信息比例等于 0 时,在 $(0,1)$ 上总有 $AC(\lambda^*, L) < IC(L)$,即 $\lambda = \lambda^*$ 时分支行的贷款审批权限 $L^* = 1$,其中 λ^* 由命题 3-2 给出。此时分支行处理全部贷款申请。

命题 3-3 表明,在企业的硬信息比例等于 0 时,中心行应授予分支行全部贷款审批权。这说明在一些只有中小企业和农户的农村地区,要激励大型商业银行服务中小企业和农户,必须让分支行处理全部贷款申请,但前提是建立有效的激励机制。

（三）对分支行贷款审批权限的比较静态分析

由于数据限制，本文对内生的激励机制设计的分析一定程度上是规范研究，实证部分是针对内生的贷款审批权分配进行的。在给定其他参数（包括分支行的激励机制 λ）的情况下，这一节对分支行的贷款审批权进行比较静态分析，得到几个待实证检验的结论。

假设中心行评估企业资质的能力或辨认企业类型的能力得到了提高，比如企业的财务透明度提高时，企业向银行传递的信息中硬信息的比重增加。设此时分支行的贷款审批权为 $\widetilde{L}^*$。推论 3-1 说明提高中心行辨认企业类型的能力，中心行会上收贷款审批权。

推论 3-1 如果在 $[0,1]$ 上，均有 $\widetilde{P}(L) \geq P(L)$，那么 $\widetilde{L}^* \leq L^*$。

μ 刻画了企业与分支行的共谋或政府对分支行的影响等引发分支行道德风险行为的严重程度。推论 3-2 说明：企业与分支行的共谋或政府对分支行的影响程度越严重，分支行的贷款审批权越小。

推论 3-2 分支行贷款审批权限 L^* 是 μ 的减函数。

另外，实证部分的一个考虑是，各地经济发展状况不一，分支行能审批的单笔贷款的最大金额不便直接比较，因此用分支行处理的贷款申请占全部贷款申请的比例 $G(L^*)$ 来刻画分支行贷款审批权，应对 $G(L^*)$ 进行比较静态分析。最优 L^* 的求解过程说明，L^* 与贷款金额的整体分布 $G(L)$ 无关，而且 $G(L^*)$ 是 L^* 的单调递增函数，因此推论 3-1 和推论 3-2 对 $G(L^*)$ 也是成立的。再考虑另一个关于 L 的分布 $\widetilde{G}(\cdot)$。假设 $\widetilde{G}(\cdot)$ 对应的地方中小企业的比重比 $G(\cdot)$ 对应的地方大，使得 $[0,1]$ 上总有 $G(L) \leq \widetilde{G}(L)$。而最优的 L^* 对 $G(\cdot)$ 和 $\widetilde{G}(\cdot)$ 是一样的，所以 $G(L^*) \leq \widetilde{G}(L^*)$，即在 $\widetilde{G}(\cdot)$

下分支行处理的贷款申请占全部贷款申请的比例更大。从而在中小企业比重越大的地方，分支行处理的贷款申请占全部贷款申请的比例越大，反之则反是。所以中小企业比重是实证分析时要控制的一个变量。

最后对理论模型有两点说明。首先，一些文献指出，银行处理贷款申请时存在较高固定成本，在金额较大的贷款上有规模经济，在中小企业贷款上有规模不经济，这是银行不倾向发放中小企业贷款的一个原因。我们认为，更重要的原因是，在硬信息和软信息框架下，银行与中小企业之间存在比大企业更严重的信息不对称，而且即使考虑处理贷款申请的成本，分支行相对中心行的信息优势以及中心行与分支行之间的代理问题仍然存在，引入处理贷款申请的成本不影响本文的分析。其次，我们为简便起见假设银行的资金成本和贷款利率外生给定。这不意味着不能处理贷款定价，实际上 $\theta \geq \dfrac{R_i}{R_l}$ 就体现了贷款利率覆盖风险和成本这一原则。

从以上理论模型可以得出：对分支机构的授权，存在代理成本和道德风险，但对中小企业信贷又必须解决信息不对称的问题，关键在于设计有效的激励机制。在一些主要有大中企业存在的地区，可以不授权，完全依靠硬信息放贷；相反，在一些只有中小企业和农户的农村地区，要激励大型商业银行服务中小企业和农户，必须让分支行处理全部贷款申请，但前提是建立有效的激励机制。

四、实证分析

为了检验我国银行业实际授权是否按照理论假说，我们进行了以下实证分析。

实证部分拟检验如下假说：

假说1：企业财务透明度越高，分支行贷款审批权越小；

假说2：分支行评估企业资质的能力越强，分支行贷款审批权越大；

假说3：政府对分支行的影响越大，分支行贷款审批权越小；

假设4：贷款申请者中中小企业比例越大，分支行贷款审批权越大。

（一）数据说明

我们使用的数据来自2005年中国经济研究中心在全国范围内的一次金融生态环境调查，共涉及12个省份（含直辖市）：浙江、江苏、福建、山东、湖北、吉林、江西、四川、重庆、贵州、陕西和宁夏。此次调查是在县的层面进行的，即在每个省份随机选择几个县，调查2001年到2004年该县各金融机构的基本情况。共涉及80个县，其中浙江9个，江苏6个，福建7个，山东6个，湖北10个，吉林6个，江西6个，四川7个，重庆8个，贵州6个，陕西6个，宁夏3个。被调查的金融机构以四大商业银行为主，共有239个县级支行的数据。这239个县级支行的分布如下：分银行，农业银行71个（占30%），工商银行55个（占23%），建设银行63个（占26%），中国银行50个（占21%）；分省份，浙江28个，江苏21个，福建23个，山东19个，湖北32个，吉林24个，江西22个，四川14个，重庆23个，贵州10个，陕西16个，宁夏7个，有38%的样本来自东部省份，33%的样本来自中部省份，29%的样本来自西部省份。因此这239个样本具有非常好的代表性。

（二）变量定义

支行的贷款审批权。理论上，支行的贷款审批权应该用支行处理的贷款申请占全部贷款申请的比例来刻画，但限于数据可得性，我们用支行审查批准的贷款占全部贷款的比例来近似。这个指标根据调查结果计算，等于支行发放的贷款中，由支行及其下属机构审查批准的比重，扣除其中应上级行要求发放的比重。记该变量为 ApprvRight，取值在 0 和 1 之间。

中小企业财务透明度。这个指标根据调查结果设计。在调查中，对每个支行负责人都问了如下问题："本机构对中小企业贷款申请未受理的主要原因是［按从最重要到最不重要的顺序排序，最重要为 1，最不重要为 7］：（a）企业信用等级低；（b）企业没有足够的抵押品或担保（其余五个选项从略）。"（a）和（b）这两个问题属于硬信息的范畴，涉及支行对中小企业财务状况的认识。如果支行认为这两个问题较重要，可以认为中小企业财务透明度较差。计算支行对这两个问题的回答的算术平均值，得到 1 和 7 之间的一个数，记此变量为 SMEFinTrans。SMEFinTrans 越大，说明中小企业财务透明度越高。根据假说 1，中小企业财务透明度越高，支行贷款审批权越小。

支行成立的年数。这个指标直接从调查结果中得到，用于刻画支行评估企业资质的能力，支行成立越久，对当地企业的软信息收集和积累越多，评估企业资质的能力越强，根据假说 2，支行的贷款审批权越大。记该变量为 EstYears。

政府对支行的影响。这个指标根据调查结果设计。在调查中，对每个支行负责人都问了如下问题："如本机构有不良贷款，那么贷款未能收回的原因中，当地政府干预：0 = 不重要；1 = 有一定程度的影响；2 = 是非常重要的原因。"将支行对这个问题的回答记为 GovInflu。GovInflu 在 0、1、2 中取值，数值越大，表示政府对支行的影响越大，根据假说 3，支行贷款审批权越小。

向支行申请贷款的企业中中小企业的比例。这个指标根据调查结果计算，等于向支行申请贷款的中小企业数除以全部企业数。记该变量为 ApplcSMEPct，取值在 0 和 1 之间。根据假说 4，贷款申请者中中小企业的比例越高，支行贷款审批权越大。

最后，支行的规模也可能影响支行的贷款审批权。我们用支行的员工数量来刻画支行的规模。这个指标直接从调查结果中得到，因其数值较大，将其取自然对数后使用，记该变量为 Staff。

我们在实证分析中使用的变量见表 3-2，各变量的描述统计见表 3-3 和表 3-4。2001—2004 年，四大国有商业银行县级支行审查批准的贷款占全部贷款的比例平均为 29%，分银行看，农业银行 47%，工商银行 28%，建设银行和中国银行约 17%；分省份看，浙江、江苏、福建和吉林较高，在 40% 以上，陕西、江西和湖北较低，在 15% 以下。

表 3-2　　　　　　　　变量列表

变量名	变量的含义
ApprvRight	支行审查批准的贷款占全部贷款的比例，取值在 0 和 1 之间
SMEFinTrans	中小企业的财务透明度，数值越大，透明度越高
EstYears	支行成立的年数
GovInflu	政府对支行的影响，数值越大，影响越大
ApplcSMEPct	向支行申请贷款的企业中中小企业的比例，取值在 0 和 1 之间
Staff	支行的员工数量的自然对数

表 3-3　　　　　贷款审批权分配相关的变量的描述统计

	均值	标准差	与 ApprvRight 的相关系数
ApprvRight	29%	34%	
SMEFinTrans	2.12	0.79	-0.27
EstYears	19.82	6.54	0.11
GovInflu	0.91	0.67	-0.1
ApplcSMEPct	84%	25%	0.08
Staff	4.74	0.71	0.41

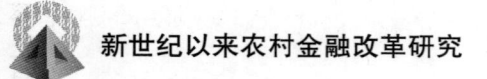

表 3-4　　　　　　各变量分银行和分省份的描述统计

	ApprvRight	SMEFinTrans	EstYears	GovInflu	ApplcSMEPct	Staff
总体平均	29%	2.12	19.82	0.91	84%	4.74
农业银行	47%	1.88	23.25	0.95	88%	5.25
工商银行	28%	1.95	17.28	0.88	82%	4.85
建设银行	17%	2.38	23.68	0.87	84%	4.53
中国银行	17%	2.29	12.94	0.92	80%	4.30
浙江	42%	2.33	19.46	0.71	89%	5.11
江苏	41%	1.94	19.93	0.94	83%	5.38
福建	41%	2.05	18.68	0.90	79%	4.89
山东	18%	2.37	19.76	1.06	91%	4.75
湖北	15%	2.05	20.84	1.10	85%	4.63
吉林	41%	1.98	20.04	0.86	80%	4.74
江西	13%	2.40	18.41	1.41	87%	4.19
四川	34%	1.67	21.21	0.58	79%	4.72
重庆	36%	1.91	19.80	0.65	81%	4.88
贵州	21%	2.28	21.00	0.89	76%	4.22
陕西	12%	2.23	20.50	0.77	84%	4.35
宁夏	19%	2.25	17.50	0.86	78%	4.39

(三) 回归分析结果

在回归分析中，被解释变量是 ApprvRight，解释变量有 SMEFinTrans、EstYears、GovInflu、ApplcSMEPct 和 Staff，同时还控制了银行和省份的虚拟变量。我们共进行了三组回归。首先是横截面数据的 OLS 回归。其次鉴于被解释变量 ApprvRight 取值在 0 和 1 之间，进行了横截面数据的 Tobit 回归。最后我们使用的数据具有面板数据的结构，但解释变量 SMEFinTrans 和 GovInflu 是静态变量，因此使用了随机效应模型。回归结果见表 3-5。三组回归的系数估计值非常接近，说明回归结果是稳健的。现以横截面数据的 OLS 回归为例说明。横截面数据的 OLS 回归的 R^2 是 0.38，回归整体在 1% 置信水平下显著，各参数估计也是显著的。

表 3-5　　　　　　　　对贷款审批权分配的回归分析结果

ApprvRight	横截面数据 + OLS	横截面数据 + Tobit 模型	面板数据随机效应模型
SMEFinTrans	-0.0789***	-0.0993***	-0.0683**
	(-4.31)	(-4.03)	(-2.11)
EstYears	0.0074***	0.0081**	0.0036
	(2.77)	(2.29)	(0.95)
GovInflu	-0.0572***	-0.0678***	-0.0429
	(-3.10)	(-2.81)	(-1.31)
ApplcSMEPct	0.0880*	0.0535	0.0532
	(1.67)	(0.78)	(1.06)
Staff	0.0452*	0.0478	0.0064
	(1.87)	(1.53)	(0.20)
样本数目	498	498	498
R^2	0.38	0.33	
P 值	0.0000	0.0000	0.0000

注：对每组回归给出：解释变量的系数估计，t 值（括号中的数字），所用的样本数（N），R^2（横截面数据 + Tobit 模型中是伪 R^2）以及整体显著性检验的 p 值。*、**、*** 分别表示系数估计在 10%、5%、1% 置信水平下显著。为简便起见，不报告各虚拟变量的系数估计。

SMEFinTrans 的系数估计为 -0.0789，在 1% 水平下显著。说明当地企业的财务透明度越高，支行的贷款审批权越小。这支持了假说 1。

EstYears 的系数估计是 0.0074，在 1% 水平下显著。说明支行成立的年数越长，贷款审批权越大，支行成立的年数增加 1 年，支行审查批准的贷款占全部贷款的比例增加 0.74%。而支行成立的年数代表了支行评估企业资质的能力。因此，支行评估企业资质的能力越强，贷款审批权越大。这支持了假说 2。

GovInflu 的系数估计是 -0.0572，在 1% 置信水平下显著。说明政府对银行的干预越大，支行的贷款审批权越小，如果当地政府干预是支行不良贷款的一个重要成因，支行审查批准的贷款占全部贷款的比例减少 5.72%。这支持了假说 3。

ApplcSMEPct 的系数估计是 0.0880，说明申请贷款的企业中中小企业的比例越大，支行的贷款审批权越大，申请贷款的企业中中小企业的比例增加 10%，支行审查批准的贷款占全部贷款的比例增加 0.88%。这支持了假说 4。

Staff 的系数估计是 0.0452，说明支行用员工数量衡量的规模越大，支行的贷款审批权越大，支行的员工数量增加 10%，支行审查批准的贷款占全部贷款的比例增加 0.19%（log（1 + 10%）× 0.0452）。

因此，实证分析对理论部分关于银行内部贷款审批权分配的分析提供了有力支持，说明大型商业银行在设置基层分支机构的贷款审批权时，中小企业融资中硬信息和软信息框架下的信息不对称问题（体现为解释变量 SMEFinTrans 和 EstYears）以及基层分支机构在贷款审批中的道德风险（体现为解释变量 GovInflu）是非常重要的考虑因素。

五、小结及政策建议

我们围绕大型商业银行服务中小企业融资中的三个关键问题——硬信息和软信息框架下的信息不对称问题、合理设置基层分支机构的贷款审批权、合理设置基层分支机构的激励机制以控制其在贷款审批中的道德风险，进行了理论和实证分析。关于如何解决中小企业融资中硬信息和软信息框架下的信息不对称问题，因为关注的是分支行相对中心行的信息优势，假设分支行掌握企业的全部信息。实际上该假设可放松为：分支行只掌握企业的部分信息，并且只能将其中的硬信息部分传递到中心行。此时分支行相对中心行的信息优势仍然成立,不影响本篇的讨论和结论。我们认为,如果没有在这三个关键问题上取得突破,仅仅靠成立专门为中小企业金融服务的专营性机构和"三农金融事业部"无法根本解决中小企业融资难问题。基于此,有如下建议。

1. 中小银行服务中小企业有其天然优势,目前监管部门鼓励越来越多的中小银行发展成全国性金融机构,不利于解决中小企业融资难的问题。村镇银行本质上仍是金融机构的分支机构,设立村镇银行也不能真正解决问题。应进一步开放金融市场,允许更多的民营资本进入,成立真正意义上的民营银行,同时,规范引导非正规金融发展,有助于解决中小企业融资难的问题。当然,开放金融市场同时,要建立金融机构市场化的退出机制,建立存款保险制度。此外,大力发展直接融资,尤其是公司债的发展,会迫使大银行更多关注低端客户。

2. 如何合理设置基层分支机构的贷款审批权要依靠国有商业银行的进一步改革。前些年四大国有商业银行普遍上收了贷款审批权,甚至裁撤县以下基层分支机构。2001—2004年,向四大国有商业银行县级支行申请贷款的企业中中小企业的比例平均为84%,但县级支行审查批准的贷款占全部贷款的比例平均只有29%。我们认为,向县级支行申请贷款的企业中中小企业的比例与县级支行审查批准的贷款占全部贷款的比例之差大致反映了中小企业贷款申请中有多大比例由县级支行的上级行处理,可以刻画贷款审批权上收程度。2001—2004年四大国有商业银行普遍上收了贷款审批权。分银行看,建设银行和中国银行贷款审批权上收程度最高,其次是工商银行,农业银行最低。分省份看,江西、山东、陕西和湖北等省份贷款审批权上收程度较高,福建和吉林较低。过度上收贷款审批权,不利于服务中小企业融资,不利于银行盈利,不利于支持地方经济发展。我国国有银行改革上市后,取得阶段性成果,要真正避免贷款对象趋同，还需要进一步改革内部激励机制，只有这样才能真正实现上下联动。

3. 就银行整体而言，提高对企业信息的掌握，能提高贷款配置效率和利润。如可以完善征信体系，收集和积累关于中小企业的包括非财务信息在内的软信息，建立中小企业违约信息通报机制。

4. 相关政府管理部门要求为中小企业金融服务的专营性机构和"三农金融事业部"采取层级管理的组织形式。我们认为这个"一刀切"的规定不一定适合所有银行和地区，应鼓励尝试多种组织形式。

中国农村金融论坛
CHINA RURAL FINANCE FORUM

第四篇

公共财政、金融支农与农村金融改革（2006年）[1]

---

[1] 本篇基于贵州省及其样本县的调查分析，发表于《经济研究》2006年第4期。

近年来，随着农村金融机构大面积亏损暴露，农民贷款难的问题日趋严重，农村资金外流和农村信贷资金不足已成为阻碍我国农村经济发展的主要障碍（张晓山，2003）。这促使人们思考以下一些问题：农村金融是缺资金还是缺机制？农村金融体系能否满足正在转型的中国农村经济的融资需求？在贫困地区的农村金融是否应采取政策性金融？

在一个完全由有效的市场进行资金配置的体制下，资金的流动将由投资的回报率决定。一个地区的投资回报率较高，则资金就会流入到该地区，反之则反是。然而，在现实生活中，由于受到来自各方面的影响，完全有效的市场并不存在，金融机构的行为受这样的市场环境的影响而偏离利润最大化的轨道，其直接结果是信贷资源配置的扭曲。McKinnon（1973）发现，一些发展中国家的政府为了早日推进工业化，往往对金融部门采取金融抑制政策。此外，政府出于纠正市场失灵（Besley，1994）或者弥补财政赤字等原因也会对金融市场进行干预和抑制（Fry，1995）。这种双重约束导致的结果就是金融市场萎缩，金融机构经营效益低下，广大农户和中小企业得不到必要的生产和发展资金，使得经济增长踯躅不前。政府包括低利率政策在内的干预还会造成普遍的信贷配给，政府能够满足的往往只是重点发展的现代部门和国有大中型企业以及有关系富裕农户的资金需求，而为数众多的小企业、小商业和农户被关在正规金融市场的门外。发展经济学的学者指出选择性的信贷政策造成了稀缺资源的低效配置和金融机构的低效运行（Adams, Graham and Von Pischke，1984）。

我国现有的农村金融体制成形于计划经济时期，在过去二十多年的经济金融改革中虽然对农村金融的制度安排进行了局部改革，但仍然维持了改革初期的基本结构。这一结构的主要特点是：第一，农村金融仍然是政府（通过低利率和资金支持）支持农村经济发展的主要融资工具，经济越落后，越依赖于这一工具，金融财政化的程度也越高。在许多贫困农村地区，农村金融机构的信贷被用于农户看病、小孩上学和支付乡村干部工资等。第二，由于高度金融管制，金融市场缺乏竞争，也没有足够的弹性和创新动力，不能适应实体经济结构变化的要求，金融机构的商业化进一步加剧了贫困地区贷款难的问题（徐忠，程恩江，2004）。将农村金融机构作为金融支农工具产生了三重道德风险：一是农信社没有破产风险，在"支农"名义下经营亏损；二是利用解决"历史包袱"的借口，地方政府和农村金融机构向中央政府漫天要价，又不能解决根本性的体制问题；三是农村金融机构利用政策性业务和商业性业务的交叉，以"支农"的名义要中央银行资金。

2004年7月，我们在贵州省分别选取经济状况好、中、差各2个县组织了大样本调查。6个县中，凤冈县和湄潭县是从经济状况较好的遵义市抽取的，台江县和丹寨县所在的黔东南苗族侗族自治州属贵州省中等收入的市级地区，大方县和织金县所在的毕节地区是贵州经济状况最贫穷的市级地区。调查对象包括农村家庭和农村金融机构。其中农户的问卷调查委托当地农调队进行，金融机构的调查由当地人民银行县支行进行。通过贵州省及其6个样本县的例证，本文分析了由于财政公共品供应不足，导致金融财政化现象严重，并进一步造成农村金融机构道德风险突出，农村金融市场缺乏竞争和创新动力，农村金融无法适应农村实体经济结构变化的要求等问题。

一、贫困地区农村金融机构的经营环境

自20世纪90年代中期以来，我国农村，特别是中西部地区资金和劳动力的流动呈现以下特征：农产品市场价格长期低迷和不稳

定，加上小规模自给自足的农户极低的劳动生产率，以及乡镇企业大量倒闭，迫使大量民工外出打工，但其挣得的钱汇回去，存在农村金融机构，又通过农村金融机构购买国债、拆借、上存资金和转存人民银行等方式回流到东部发达地区和大城市。

地方政府则主要依靠财政转移支付维持运转。国家统计局的资料表明，2003年贵州省财政支出为332.4亿元，是其当年财政收入124.6亿元的2.7倍，通过财政转移支付等渠道的资金净流入高达210亿元。贵州各样本县财政支出一般是其收入的二至六倍。乡镇财政就更是吃饭财政，沉重乡村债务也已成为影响当地农村金融机构商业可持续发展的重要因素。

样本县的乡村债务金融化比较严重，乡村债务的绝大部分是欠信用社的，乡村债务的存在已影响到农村金融机构的正常运营。乡村财政的危机主要表现在乡村财政的财权与事权不对称导致的乡村财政赤字，以及乡村财政收入与支出的不规范、不合理与低效率。加快清理乡村债务，进一步完善基层财政体系，是健全农村金融体系的基础，也是农村金融机构可持续发展的前提。

在我国农村地区，不但缺乏健全的乡镇财政体系，而且在教育、医疗等方面财政也供应不足。如表4-1所示，农户的贷款用途中，上学和看病占农户借款的29.7%。信贷的用途与还债紧密相关，尽管教育投资对于家庭非常重要，对于国家整体也同样如此，但

表4-1　　被调查农户回答2001年以来最大的三笔借款用途

贷款用途	笔数	占比（%）	平均金额（元）	贷款期限（月）
看病	43	13.7	1 836	7
上学	50	16.0	2 734	17
建房	37	11.8	9 151	13
外出打工	4	1.3	863	6
其他	179	57.2	6 905	12
总笔数	313			

从教育投资上短期获得的直接收益较低。因此,政府应该对于贫困地区的初中和小学教育进行更多的投资,并建立起农村合作医疗系统。这对中国贫困地区金融体系的可持续发展有好处。

如表4-2所示,在被调查的1 032家农户中,有341户家庭将看病列为2003年最大的三项开支之一,有588户农户将小孩学费列为2003年最大的三项开支之一。从资金来源看,农户主要是依靠平时的积累。从农户的存款计划看,教育为存款的第一最主要用途,其中,上学是75.1%的家庭的三大用途之一。有10.1%家庭的存款为看病。看病的农户中有8.2%的家庭来源于正规金融机构,同样8.2%的家庭来源于民间借贷。将小孩学费列为2003年最大的三项开支之一。农户中,有5.3%的农户依靠金融机构借款,但有12.1%的农户通过民间借贷解决学费问题。

表4-2　　　　被调查农户2003年最大的三项生活开支

开支	看病 金额(元)	占比(%)	笔数	占比(%)	上学 金额(元)	占比(%)	笔数	占比(%)
金额	420 115	8.8	341	—	818 047	17.1	588	—
自有资金	284 568	67.7	285	83.6	588 910	72.0	486	82.7
银行贷款	500	0.1	1	0.3	21 300	2.6	7	1.2
信用社	55 600	13.2	27	7.9	52 087	6.4	24	4.1
民间借贷	79 447	18.9	28	8.2	155 750	19.0	71	12.1

尽管中央政府对于中国的贫困农村地区的转移支付和通过外出打工流入的资金远超过资金外流,尤其是近年来在西部大开发的战略下,财政在交通、义务教育和清洁水等方面投入很多,但由于农村社会保障制度不完善,基层财政体制不健全,教育和医疗公共财政支出仍不够,农村金融机构还需承担财政职能,金融机构商业化、市场化运作的环境远未形成。这一方面造成农村金融机构严重

的道德风险，另一方面又使得农村资金通过金融机构以各种形式逃离农村地区，金融机构经营行为扭曲。

二、农村金融机构的经营行为

农村金融机构的经营环境直接影响到了金融机构的行为。我们分别分析目前扭曲的经营环境对不同农村金融机构经营行为的影响，包括农业银行、邮政储蓄、农业发展银行和信用社。

（一）农业银行

近年来，随着商业化改革的加快，农业银行大量撤并网点，仅2001—2004年农业银行在贵州省的网点就从598个减至394个，贷款逐步转向大城市、大项目。在西部大开发背景下，农业银行在贵州省的中长期国债项目的贷款逐年增加，主要用于城市交通基础设施建设投资，在农村地区的项目投资很少。同时，农业银行新增短期贷款中，农业贷款和乡镇企业贷款却呈逐年下降态势。2003年农业银行在贵州省发放的农业贷款和乡镇企业贷款占总贷款的比例不足3%（见表4-3）。扶贫贷款也转向项目贷款，而不是直接发放贷款给农户，事实上产生了农村金融市场的不平等竞争。随着农业银行在贵州省除国债项目以外的贷款逐步减少，农业银行累放贷款的回收率从2000年的90.26%降至2001年的76.32%、2002年的78.18%、2003年的69.84%，2003年的回收率为农业银行在全国各省市的倒数第三位[1]。从我们的调查情况看，2003年，在选取的样本县中，除了台江县由于一条高速公路配套贷款导致农业银行贷款大幅度增加之外，有3个县的农业银行贷款余额出现大幅度下降，2个县的贷款几乎没有增长。

---

[1] 《中国金融年鉴》（2001—2004年）。

表4-3　　　贵州省农村金融机构贷款结构表（年末余额）　　　单位：亿元

	2000年	2001年	2002年	2003年
农业发展银行				
各项贷款	66.39	62.71	59.41	58.55
1. 短期贷款	65.71	62.08	58.84	58.05
其中：收购贷款	65.59	61.87	58.49	57.7
2. 中长期贷款	0.68	0.63	0.57	0.5
农村信用社				
各项贷款	71.17	92.19	125.5	148.59
1. 短期贷款	66.84	86.25	116.37	137.86
其中：（1）农村贷款	44.1	57.95	83.89	98.03
（2）乡镇企业贷款	7.64	8.94	9.2	10.12
2. 中长期贷款	4.33	5.89	9.12	10.72
人行再贷款	5.51	11.37	24	24.81
农业银行*				
各项贷款	314.14	340.54	365.85	424.92
1. 短期贷款	147.47	127.34	130.77	135.17
其中：（1）工业贷款	9.46	10.04	16.84	27.8
（2）农业贷款	8.18	7.03	6.42	6.08
（3）乡镇企业贷款	6.81	6.65	6.19	6.15
2. 中长期贷款	156.29	199.96	227.89	259.12

注：农业银行的数据既包括城市也包括农村，我们可以从其贷款结构分析其在农村的贷款。

（二）邮政储蓄

农村邮政储蓄迅猛发展，已成为农村金融资源转移的重要渠道。由于邮政储蓄在人民银行的转存利率高于信用社，一些地方邮政储蓄以不正当竞争的方式吸收存款，通过邮政储蓄从农村抽取资金的速度不断加快，2002年全国农村邮政储蓄达到1998年的两倍多。从贵州省情况看，2000—2003年，贵州邮政储蓄存款从45.23亿元增加到88.71亿元。其中，县以下储蓄存款从近8.5亿元增加到近21.6亿元。在越贫困地区，邮政储蓄抽逃当地资金速度越快。我们调查的6个样本县中，经济较发达的湄潭县和凤冈县邮政储蓄存款增长额只有信用社存款增量的三分之一左右，而在最贫穷的大方县和织金县，信用社的存款出现下降，但邮政储蓄存款出现大幅上升。贫困地区农村邮政储蓄迅猛发展已直接影响了农村信用社的资金来源组织，并一步影响到农村信用社的贷款能力。

自2003年8月1日起，人民银行下调了新增邮政储蓄转存款利率，邮政储蓄新增存款转存人民银行的部分，按照金融机构准备金存款利率（年利率为1.89%）计息，此前的邮政储蓄老转存款暂按原转存款利率计息（年利率为4.131%），同时允许邮政储蓄新增存款由邮政储蓄机构在规定的范围内自主运用。但由于公共财政未发挥应有的作用，农村金融机构无法商业可持续发展，邮政储蓄也不愿意将资金以协议存款形式给农村金融机构使用。

（三）农业发展银行

农业发展银行成立初的贷款业务范围主要包括：粮、棉、油等主要农副产品国家专项储备贴息贷款和收购、调销、批发贷款，粮棉油加工企业贷款，扶贫贷款、老少边穷地区发展经济贷款、贫困县县办工业贷款、农业综合开发贷款等。1998年3月，为适应粮食流通体制改革需要，国务院决定，农发行专门履行粮、棉、油等主要农副产品收购资金封闭管理；原农发行承担的农业综合开发、扶贫以及粮棉加工企业和附营业务贷款等职能划转有关国有商业银行。2001年后，随着粮棉流通体制改革的深入，农发行购销信贷业务明显下降。调整农发行的职能和管理体制已摆上议程。目前，由于农发行垄断了政策性业务，使国际上通常由开发性金融机构承担的农村金融市场中长期贷款供给方面存在空白。从农发行在贵州省的贷款情况看，贷款余额已从2000年的66.39亿元逐年下降为2003年的58.55亿元，净减少7.84亿元。其中，中长期贷款比重很低，2000年仅0.68万元，2003年进一步降至0.50万元（见表4-3）。这反映了农发行作为政策性银行在贫困农村地区的作用在进一步削弱。

（四）农村信用社

随着农业银行在乡镇网点的减少以及合作基金会等非正规金融机构的关闭，农村信用社已成为农村信贷资金的主要供给者。2000—2003年间，贵州省农村信用社贷款从71.17亿元增加到148.59亿元，净增77.42亿元；其中，农村贷款从44.1亿元上升到98.03亿元，净增53.93亿元。然而，农村贷款中40%以上的资金来源于人民银行再贷款，三年间人民银行再贷款从5.31亿元增加到24.81亿元。一些地区的农村贷款甚至完全依靠人民银行再贷款来发放。

那么，农村信用社的贷款能力是不是因资金来源的限制而遭到削弱呢？从我们调查得出的结果看，因农户外出打工收入不断增多，农户存款增加很快，信用社的存款也得到大幅增加，一些信用社甚至出现了闲置资金。如2003年湄潭县信用社存款增加了7 000多万元，闲置资金近1亿元，还拆借出部分资金；凤岗县、台江县信用社存款也分别增加4 000万元和1 400万元。尽管存款大幅度增加，但信用社却不愿相应增加贷款，从而导致农村市场的信贷供给不足。

如表4-4所示，农村信用社的利息收入占到其收入的70%以上，但即便如此，利息收入也无法抵补利息支出、营业费用和呆账准备的提取，2001年利息收入只达到利息支出、营业费用和足额呆账准备之和的28.6%，2003年为40.8%，赢利能力低下。在缺乏商业持续发展的环境下，农村金融机构的不良贷款很高。对一些缺乏还款来源的贷款，如教育和看病，即使提高贷款利率，其结果也是进一步提高贷款违约率，造成不良贷款的增加。

表4-4　　　　　贵州省49家农村信用社的收入支出平均水平　　　　单位：%

年份	1999	2000	2001	2002	2003
利息收入/营业收入	94.5	71.6	93.5	78.3	75.9
利息支出/利息收入	48	29	26	19	20
营业费用/利息收入	71	56	60	48	61
呆账准备/利息收入	2	3	5	8	29
应提呆账准备/利息收入	223	227	264	204	164
利息收入/（利息支出+营业费用+应提呆账准备）	29.2	32.1	28.6	36.9	40.8

三、金融支农的实际效率

在公共财政未发挥应有作用的情况下，将金融机构作为支农的工具，效率低下，道德风险严重。支持"三农"很重要，但金融不能代替财政职能。金融承担过多的财政职能，不但无法完成支持"三农"的任务，而且造成资源的大量浪费和损失。农村金融机构不但未达到金融支农政策的目的，反而成为农村资金外流的渠道，成为亏损、贪污、在职高消费的载体。

农业银行和农村信用社均存在政策性业务与商业性业务混合的问题。如农业银行从事农业综合开发贷款和扶贫贷款、农村信用社利用人民银行的支农再贷款发放小额信用贷款。政策性业务与商业性业务混合，难以分清农村信用社和农业银行的历史包袱哪些是政策性因素造成的，哪些是自身经营不当形成的，道德风险严重。二是信用社内部人控制，无破产约束，道德风险严重。目前，农村信用社从产权到管理，实际上掌握在农村信用社联社主任手里，信用社内部人控制严重，又无破产约束，导致信用社主任和职工吃完利润吃存款，不承担经营亏损责任。

在实地访谈时，我们向信用社主任问了两个问题：第一，如果这个信用社是你所有,是否按现有的方式经营?我们所得到的答案是否定的。第二,如果这个信用社是你的能不能挣钱?答案是肯定的。贫困地区信用社不良贷款形成中,有不少是由于道德风险引起的,也有不少与政府干预和农业风险有关。但由于信息不对称,很难判断不良贷款的形成是合理风险造成的,还是人为因素造成的,也很难知道信用社的亏损是信用社主任的在职高消费造成的,还是经营成本过高造成的。信贷支农是道德风险的避风港,只要是农户贷款产生的风险,信贷人员一般都不承担责任。更为关键的是,面对农信社的巨额不良贷款,没有一个人为此发愁。由于信用社的责权利不一致,经营者无需承担责任,奢华消费、增加信用社职工工资就成为农信社的普遍现象。2000—2004 年,样本县农信社的人均营业费用一直不断上升,从 2000 年的人均 4 万多元上升到 2004 年的人均 7 万多元。

在贫困地区,正规金融效率的低下,造成非正规金融成为当地农村金融的主要供给者。表 4-5 列举了样本家庭在 2003 年的借款来源。农村家庭从他们的亲戚、朋友和邻居处借款最多,接下来是从信用社借款,从国有商业银行借款的农户数不到样本家庭总数的 15%。

表 4-5　　　　　　　　样本家庭在 2003 年的借款来源

借款来源	笔数/价值	占比(%)
总借款笔数	381	100.0
从亲戚朋友邻居处	244	64.1
在国有银行	18	4.7
在信用社	119	31.2
总的平均借款*(人民币)	1 910.6	100.0
从亲戚朋友邻居处	873.1	45.7
在国有银行	245.4	12.8
在信用社	792.1	41.5

注:平均价值是指所有样本家庭的平均水平。

如果说传统的农村金融体系曾经支持了中国农村经济的发展，那么这种"透支式"的金融支持方式已经很难再持续下去了。农村金融改革的滞后不仅不能继续支持农村经济的发展，其低效率还可能会成为农村经济发展的障碍。因此，全面改革传统农村金融体系已经刻不容缓。

四、政策建议

农村金融市场不能有效运行的首要原因是没有一个良好的政策环境（Yaron, Jacob; Benjamin, Mcdonald and Grerda, Piprek, 1997）。在贫困地区，公共财政需发挥应有作用，农村金融才能正常运行。贷款的用途与还债能力紧密结合，如果金融信贷资金被大量用于非生产性支出，如治病、教育等，那么贷款质量低也就无法避免。因此，政府应该对贫困地区给予更多的投资，完善农村社会保障体系，以有利于贫困地区金融机构的市场化运作和可持续发展。为此，提出以下政策建议：

第一，建立引导资金回流农村的有效机制。主要包括：加强农村信贷服务的政策引导和立法，统一金融机构县域以下经营的金融财政政策，促进各类农村金融机构增加对"三农"的金融服务；建立邮政储蓄资金回流农村的市场化机制；通过财政杠杆引导金融资金回流农村，使农村资金流动纳入良性循环的轨道。政策性金融业务也应在财政核定补贴的前提下，通过市场化招标方式，允许各类机构参与，以提高政策性金融的效率。

第二，建立农村金融机构商业可持续发展的环境。应鼓励各种形式的金融创新，解决农户和中小企业贷款担保难和抵押难的问题；发展大宗农产品期货；构建农业政策性保险机制，建立符合我国国情的低成本、高效率的农业保险制度。降低农村金融机构经营税率，逐步放开农村金融市场利率。

第三，开放农村金融市场，在贫困地区探索适合当地的金融组织形式。健全的农村金融体系应是一个有生命力的系统，而不是一个僵化的机构组合，既要有新的金融机构产生，也要有问题的金融机构清除出金融市场。单单依靠农村信用社这一组织形式无法满足多元化的农村金融需求，多元化的金融机构才能适应当地金融需求。因此我国农村金融改革最关键的一步就是要打破农村金融市场的垄断格局，建立一个有效竞争的农村金融体系，同时建立存款保险制度，构建金融机构的市场退出机制。

在贫困地区，现有农村信用社模式是一个非常昂贵的组织形式，贫困地区的信用社人均费用甚至超过一些东部发达地区，这样的制度安排在贫困地区过于奢侈。稳步开放农村金融市场，就是要建立商业可持续的农村金融机构。必须采用市场化的方式改革农村信用社，鼓励农村信用社兼并重组和跨区经营；要促进小额信贷组织的发展；探索真正合作制的金融组织形式；建立真正的民营银行；规范引导民间借贷。

第四，建立有效的农村金融监管体制。全国统一的监管有利于金融管制，贯彻实施中央的宏观经济和金融政策，却难以照顾到各地多样化的金融供给和需求。特别是在目前我国金融改革尚未完成，金融创新方兴未艾的情况下，过于集权的金融监管不利于自下而上的金融创新。由于存在着信息不对称，集中监管的监管成本过高，监管当局偏好于监管大型金融机构或建立中间管理层次的方式（如设立省联社）分担监管职能，导致中小金融机构的发展空间受到压缩，不利于竞争性金融市场的全面建立。此外，金融监管的主要目的是防范系统性金融风险，监管垄断却有可能将地区性金融风险或单个金融机构的风险向中央集中。这在我国目前金融机构普遍面临预算软约束、市场退出机制缺失、金融监管与管理界线不清的条件下，统一监管可能导致风险过度集中至中央这一级，反而容易形成系统风险。

为建立多样化、有序分层的金融体系，有必要创新监管模式，实施中央和省两级分级监管。分级监管有利于监管竞争和形成一个相对宽松的监管环境，鼓励适合当地经济发展需要的金融创新，更可以分散金融风险，最终达到降低金融系统风险的目的。今后，可将省联社改革为地方金融监管机构，负责日常监管，金融机构市场准入仍由银监会负责。

总之，农村金融改革是一个系统工程，仅靠农村信用社单兵突进无法解决，农村金融体系改革应整体规划、全面推进才能取得成功。

第五篇

中国农村金融改革十年得失（2013年）[①]

[①] 本篇为中国农村金融论坛课题成果。

我国的农村金融改革是多年来面临的难题。2003年以来，政府部门出台了一系列优惠政策和改革措施，投入了大量资金，农村信用社、农业银行、农发行、邮政储蓄等机构也先后进行了改革，农村金融市场开放也迈出了重要步伐，同时，农村金融的产品和抵押方式等创新也层出不穷。农村金融的存款和汇款等基本金融服务问题已基本解决，但是，中小企业、农民仍然觉得贷款难，农村金融体系仍存在高成本、不可持续等问题。

我们通过回顾过去十年的农村金融改革措施，评估政策的有效性，旨在明晰农村金融改革十年的得与失，为今后的农村金融改革明确方向、提供参考。本篇结构如下：第一节回顾了2003年之前的农村金融状况，第二节列举了近十年农村金融在政府激励政策、机构、市场开放、基础设施建设等方面的举措，第三节分析了农村金融改革的得与失，第四节试图指明未来农村金融改革的思路和政策框架。

一、农村金融改革历史回顾

20世纪90年代中期以来，国家采取了一系列重大措施，改革和发展农村金融市场。1994年，新组建的农业发展银行承担起农副产品收购资金供应管理、扶贫贷款、农业综合开发、粮棉加工、农村小型基础设施建设和技术改造贷款等政策性金融职能；1996年，国务院颁布了《关于农村金融体制改革的决定》，农信社与农业银行脱离了隶属关系，并进行了以合作制为模式的改革；自1998年起，农业发展银行专职发放粮食收购贷款，其他政策性业务由农业银行承担；1999年，国家全面清理了农村合作基金会，以整顿农村金融秩序，人民银行利用再贷款大力推动信用社发放农户小额信用贷款和农户联保贷款；2000年，江苏进行了农村信用合作社试点

改革。

但是，这些举措并没有能促进农村信贷市场的竞争。相反，农业银行逐步从农村市场撤出其贷款业务，农业合作基金会和其他非正规金融机构被关闭，农村信用社在农村贷款市场处于垄断地位，而垄断的市场一般来说是低效率的。在客观上，这些改革措施也赋予了农村信用社独立支撑农村金融主渠道的职能，但农村信用社自身能力与所负责任不相称的矛盾很快暴露出来。由于农村信用社巨额的历史包袱、利率管制和部分地区经营管理的低效率，不少信用社，特别是中西部地区的信用社仍然面临经营亏损，无法名副其实地长期承担农村金融"主力军"的作用。

总的来看，2003年之前，我国的农村金融体系问题仍然突出，已经不能适应农村经济发展的需要。国有商业银行收缩县级机构和业务，农村信用社和农业银行潜亏严重、不良贷款比例高，无法实现商业可持续发展和财务健康。具体问题包括：商业银行对农村信贷投放不足，邮政储蓄制度缺陷导致农村资金大量流向城市，县域经济的金融服务不到位，农民、农村中小企业贷款难，得不到基本的金融服务；农业保险萎缩；同时，农村金融监管不力。

二、2003年后的农村金融改革实践及评价

（一）农村信用社改革

2003年6月，国务院批准颁布了《深化农村信用社改革试点方案》（国发〔2003〕15号文件），决定在全国8个省份率先开始进行农信社改革试点，2006年末，农信社改革在全国范围内全面推开。为化解农信社的历史包袱，人民银行通过经特殊设计的专项票据发行、考核和兑付程序，将中央资金支持政策和农信社改革进程及其绩效紧密结合起来，目的在于花钱买到有效的机制。政府和金

融监管机构通过多项资金支持、政策优惠和指导，改革农村信用社管理体制和产权制度，催生新型农村金融机构。

经过改革，农信社历史包袱得到有效化解，资本状况有一定程度改善，服务"三农"的能力有所增强。绝大部分县（市）农信社改制为统一法人，绝大多数省份成立了省联社，资本充足率有所提高，不良贷款率下降较快，案件发生减少，服务比原来规范。长期存在的系统性、区域性支付风险得到有效控制，商业化可持续发展能力显著增强。

农信社治理结构仍不完善，管理体制没有理顺。一是微观层面产权不清和管理体制上省联社行政干预并存并互相适应。农信社产权改革不彻底，法人治理失效，内控制度薄弱，内部人控制倾向明显；在省级政府承担风险处置责任的背景下，这必然导致省联社（旨在控制风险的）行政干预；而省联社以控制风险之名，施行政管理之实，对农信社人事任命、业务经营形成全面干预。二是农村信用社资金向上集中，有效激励约束机制缺失导致创新动力不足，涉农信贷服务仍然薄弱，在"三农"市场上的覆盖广度和覆盖深度没有根本改观。

（二）农业银行股份改革和"三农事业部制"

2007年初的中央经济工作会议对农业银行股改提出了"面向'三农'、整体改制、商业运作、择机上市"的十六字方针，把面向"三农"作为农业银行股改的首要原则，要求农业银行坚持为农服务的方向。后经多方论证，在股份制改革实施方案中，明确提出在农业银行建立"三农"县域事业部，在体制机制上保证农业银行分配专门的资源和人员开展"三农"业务，更专业化地服务"三农"。不仅要求"县域内银行业金融机构新吸收的存款主要用于当地发放贷款"，对农业银行服务"三农"作出了硬性的指标，而且由银监会对农业银行"三农"县域事业部的改革发展情况从业务发展、经

营绩效和审慎经营等方面进行监测考核。此外，国家出台了针对农村金融机构（农业银行）完成考核指标后的激励办法，旨在提升"三农"县域事业部经营绩效和盈利能力。

农业银行"三农"县域事业部的改革方案力图将一级法人的统一管理、集约化支持和事业部自主经营、专业管理两个优势结合起来，构建专业化服务"三农"的体制机制。具体做法如下：

一是在董事会设立"三农"金融发展委员会，负责审议"三农"和县域业务发展战略和规划、"三农"和县域业务年度经营计划、服务"三农"的政策和基本管理制度，审议与"三农"和县域业务有关的组织机构设置与调整、高管人员提名、薪酬分配方案和员工招录政策等事项。二是在高管层成立"三农"县域事业部管理委员会，负责统筹推进全行"三农"与县域金融服务工作，具体负责落实董事会有关"三农"和县域业务发展的各项决策。三是在总行设立"三农"县域事业部总部，履行对农户、农村小企业、农业产业化、农村城镇化等县域业务的政策研究、发展规划、管理制度制定、产品研发等职责，并负责大型"三农"和县域客户的直接营销和维护。设立会计核算、考核评价、信贷管理、风险管理、产品研发和人力资源等管理中心，为"三农"县域事业部提供支持保障服务。四是在省级分行设立"三农"县域事业分部，负责对辖内"三农"和县域业务的系统指导、业务规划和统筹推进，承担大型"三农"和县域客户的营销和维护职责。根据实际情况设置地市级分行"三农"县域事业分部。五是把县支行改造为"三农"县域事业部单元，对全国 2 003 个建制县（市）内的 2 048 个县（市）支行，全部实行事业部制管理，赋予县（市）支行相对独立的经营自主权，保障其自主经营，就近决策，高效服务。

"三农金融事业部"改革试点初步探索出了符合"三农"需要的可持续的新模式。"三级督导、一级经营"的管理体制基本建成，

"六个单独"运行机制基本实现并不断完善；县事业部经营主体地位有所提升，经营决策重心在风险可控的前提下实现下沉；营业税减免、监管费减免、差别化存款准备金率等扶持政策基本落实到位，并由农业银行总行向县事业部传导；基本达到预期的政策目标，"三农"金融服务能力显著改善。截至2012年底，942家县事业部贷款余额为8 440亿元，余额增幅分别高于试点分行和全行贷款整体增幅5.5个和2.3个百分点，全年增量贷存比达到53.85%；实现拨备后、分摊后净利润185.1亿元；贷款不良率由年初的2.34%下降至1.93%，拨备覆盖率达到322.1%。

在农业银行的改革过程中，改革方案把政府的目标跟政府目标实现的手段混为一谈了。如果农业银行支持"三农"不能解决道德风险与信息不对称，将很难达到改革的目标，在农业银行的改革方案中，两者没有区分。如果政府要求农村金融机构支持"三农"，就会产生道德风险，因为机构可以将亏损归咎为支持"三农"，从而要求政府支持。因此，政府可以要求任何一家金融机构支持"三农"，以优惠政策促使支持"三农"业务的商业可持续发展，且支持"三农"不应该以贷款业务为中心。

农业银行"三农金融事业部"改革模式存在一定的局限性，使其不可能成为我国农村金融问题的系统性解决方案。一是虽然"三农金融事业部"改革中，差异化授权下对县域事业部授权有所扩大，信贷担保条件也有所放宽，信贷审批权限得以适度下沉，但建立在省级和地市级的县域贷款和"三农"贷款审批团队，与业务一线仍然距离较远，涉农产品开发及其管理的灵活度不够。总体上说，在大行体制下，产权约束导致的委托代理链条过长，内控水平较低，所以县域"三农金融事业部"难以建成真正的利润中心，而仅仅作为一个业务中心来推动涉农业务，就不可能实现可持续扩大，不可能全局性地解决农村金融问题。二是改革中对机构的补贴

政策是否切实有效地推动了涉农业务发展值得商榷。从根本上说，支农是政策目标，盈利是机构天性，如何在激励相容的前提下，促进利润导向的机构主动为政策目标服务，考验着政策设计的技术水准，从财政资源使用效率上看，"三农金融事业部"改革中对农业银行进行补贴，可能并不是最好的选择。应该在承认机构利润目标的前提下，直接对涉农业务进行招标补贴，在提高财政资源使用效率的前提下，促进农村金融服务可得性。

（三）农业发展银行扩大业务范围

2004年以来，农业发展银行在大力支持粮棉油收储的基础上，拓宽业务范围，强化政策性职能定位。一是陆续开办一些新的涉农贷款业务，形成了多方位、宽领域的支农格局。2011年制定了"两轮驱动"业务发展战略，着力发展以粮棉油收储、加工、流通为重点的全产业链信贷业务，着力发展以支持新农村建设和水利建设为重点的农业农村基础设施建设中长期信贷业务，支农力度逐年加大。二是开辟市场化筹资渠道，2012年在香港成功发行离岸人民币债券，形成了以人民银行再贷款为依托，市场化发债为主体、组织存款为补充的多元化资金筹措机制。通过发行金融债券，筹集和引导社会资金回流农业农村。截至2012年底，全行付息负债总额超过2.2万亿元，其中政策性金融债券余额近1.5万亿元，占比为67%，已成为全国银行间债券市场的第三大发债主体。

但是，农发行的改革仍未到位。农发行改革仍然没有解决公司治理，政策性和商业性业务混合，管理部门为了农发行机构和人员而扩大其业务范围。截至2012年底，农发行全行共有各类机构2 182个，其中，地（市）级333个、县级1 816个。但其大量机构是在发达地区，相对而言在500多个贫困县却没有机构。近年来，允许农发行拓宽业务范围，开展一些商业业务，是基于其发达地区存在网点但无足够业务。显然，这种围绕机构和人员改革在没有建立良好治理结构的前提下是不可能取得成功的。

（四）邮政储蓄改革及其小额信贷试点

2003年，国家发展和改革委员会牵头制定并上报国务院的《邮政体制改革方案》，对邮政储蓄的改革方向作出了规划："逐步实现邮政储蓄资金自主运用，推动邮政储蓄向商业化方向发展"。自2003年8月1日起，人民银行改革邮政储蓄转存款利率计息办法，邮政储蓄新增存款转存人民银行的部分，按照金融机构准备金存款利率（年利率为1.89%）计息；此前的邮政储蓄老转存款暂按原转存款利率计息（年利率为4.131%）。同时，允许邮政储蓄新增存款由邮政储蓄机构在规定的范围内自主运用。在这种情况下，邮政储蓄存款继续保持了高速增长的势头。截至2004年10月末，邮政储蓄存款余额已达10 348亿元，比上年同期增长18.6%，比同期金融机构储蓄存款增幅高4.2个百分点。2004年前10个月，邮政储蓄存款增加1 356亿元，其中县及县以下邮储机构吸收储蓄存款增加862亿元，占全部邮政储蓄存款增加额的64%。在邮政储蓄机构自主运用的1 830亿元资金中，通过与农信社办理协议存款返还农村的资金共计28.2亿元，仅占其自主运用资金的1.5%，其余资金全部为与其他金融机构办理协议存款和债券投资。

但是，农村资金通过邮政储蓄外流的问题依然十分严重。此外，邮政储蓄机构自主资金运用渠道仅为协议存款和债券投资，随着邮政储蓄机构老转存款从人民银行逐步转出，其资金运用的压力会相应增大。

2005年8月，政府启动了邮政体制改革，包括实现邮政金融业务规范化经营。目前，邮政储蓄改革稳步推进：一是改变邮政储蓄资金全额转存中央银行模式。在中国人民银行和银监会的监管下，逐步推动邮储资金自主运用，实现平稳过渡。以2003年8月1日为界，邮政储蓄在中央银行的原有转存款在2005年8月1日前维持现行政策不变，同时邮政储蓄新增存款由邮政储蓄机构自主运用。自2005年8月1日起，邮政储蓄机构在中央银行的原有转存款分5年逐步转出。截至2006年3月21日，邮政储蓄机构老转存款已转出三次，累计转出金额近622亿元，转出过程平稳有序，没有对邮政储蓄机构的经营产生大的影响。

二是逐步扩大邮政储蓄资金的自主运用范围。随着老转存款的逐步转出，邮政储蓄机构的资金自主运用能力不断提高。邮政储蓄机构结合农村金融改革，探索开展小额质押贷款，加大为"三农"服务的力度。2005年12月，银监会批准邮政储蓄在陕西、福建、湖北三省开办主要面向农村农户资金需求的定期存单小额质押贷款的试点。至2006年8月，邮储的自主资金运用余额超过8 000亿元，但大部分资金仍用于投资债券和银行存款。邮政储蓄已经选择国家开发银行作为其贷款业务的合作伙伴。2006年6月，邮储已与国开行签订了《全面合作协议》，由其帮助转贷。根据该协议，国开行将利用现有的系统帮助邮政储蓄银行放贷；双方在资产管理、资金运用、咨询服务以及劳务、结算等多方面进行合作。

2006年12月31日，中国邮政储蓄银行开业，成为我国第五大商业银行。中国邮政储蓄银行积极探索按照商业化原则服务农村的有效形式，通过农村金融机构的资金运用渠道间接实现资金返还农村，截至2012年底，邮储银行与农村金融机构开展的支农同业存款余额为174.80亿元，认购的农业发展银行债券余额为661.95亿元。从成立以后，邮政储蓄银行致力于微小企业贷款业务。据统计，截至2010年5月，累计发放微型和小型企业贷款1 700多亿元，累计客户数量近300万人。

通过一系列改革，邮政储蓄农村资金抽水机的扭曲机制得到一定程度的纠正，但发展仍面临较大的约束。一是与其他大型商业银行类似，虽然经过股份制改革已初步建立公司治理框架，但治理结构仍不完善，股份制企业所应具有的激励约束机制尚未建成，公司内部控制比较薄弱。二是与其他大型商业银行不同，邮储银行从邮政储蓄变身而来，内部人员素质与现代商业银行业务要求不符，银行各业务条线的人才储备严重不足，因此其业务发展受到很大约束。虽然改革以来邮储银行贷款业务发展迅速，但贷存比仍然很低，发展空间仍然巨大。

（五）农村金融市场开放

2003年之后，我国农村金融市场开放稳步推进。基于农村金融市场多样性的特点，我国在改革过程中逐步放松了对农村金融机构的市场准入，成立了包括村镇银行、贷款公司、农村资金互助社以及小额贷款公司等在内的新型农村金融服务机构，开始改变农村信用社相对垄断的局面，逐步形成了多种金融机构并存的农村金融机构体系。

银监会2006年以来逐渐放宽农村地区银行业金融机构准入政策，着力引导各类社会资本到中西部和农村地区设立新型农村金融机构。截至2012年底，全国250家银行业金融机构共发起设立939家新型农村金融机构，其中村镇银行876家（已开业800家、筹建76家，其中，东部地区340家，中部地区268家，西部地区268家），贷款公司14家（已开业14家），农村资金互助社49家（已开业49家）。新型农村金融机构累计吸引各类资本571亿元，存款余额为3066亿元，各项贷款余额为2347亿元，其中小企业贷款余额为1121亿元，农户贷款余额为860亿元，两者合计占各项贷款余额的84.4%。

2003年以来中国政府有关农村金融和小额信贷的改革及其政策取向反映出改革思路的转变，从主要推进农信社的改革到逐步放开农村金融和小额信贷市场，从而改变农信社一家独大的局面。从政治上和策略上来讲，准入新的农村金融和小额信贷机构以及引导其他金融机构开展农村金融业务,包括农业银行在一定程度上回归农村为下一步深化农信社改革提供了必要的前提条件。

1. 小贷公司

从 2005 年 12 月开始,在人民银行等部门的支持下,山西、四川、贵州、陕西和内蒙古五个试点省(自治区)的地方政府(或当地人民银行分支机构)牵头设立了"日升隆"、"晋源泰"、"全力"等 7 家小额贷款公司,揭开了我国发展商业化、市场化小额信贷市场的序幕。2008 年 5 月,中国银监会和中国人民银行联合发布的《关于小额贷款公司试点的指导意见》(银监发〔2008〕23 号,以下简称"23 号文"),将小额贷款公司试点推向全国。小额贷款公司主要以股东资本从事小额放贷活动,一方面不可吸储因而不是银行业机构,另一方面又主要从事放贷因而不同于一般工商企业。按照金融管理部门的解释,小额贷款公司具有如下特征:(1)小额贷款公司向民营资本开放;(2)小额贷款公司坚持"只贷不存";(3)监管权责下放至省级地方政府。

2008 年 5 月以来,小额贷款公司试点发展异常迅猛。截至 2012 年底,全国共有小额贷款公司 6 080 家,全年新增 1 798 家,从业人员 7.03 万人,全年新增 2.33 万人。近五成小贷公司分布在江苏(8.0%)、安徽(7.5%)、内蒙古(7.4%)、辽宁(7.1%)、河北(5.4%)、云南(4.5%)、吉林(4.4%)和山东(4.2%)等八省区。实收资本 5 146.97 亿元;贷款余额为 5 921 亿元,同比增长 51.3%,高出人民币各项贷款增速 36.3 个百分点。全国 31 个省(自治区、直辖市)都已设立小额贷款公司。小额贷款公司在引导民间资本支持"三农"方面发挥了积极作用。

小额贷款公司在支持县域经济发展方面发挥了积极作用。小额贷款公司贷款客户以小企业和农户为主,贷款对象主要是私营企业、个体工商户、种植养殖户,户均额度不足 100 万元;贷款担保方式灵活，手续简便，大多能在1—2天内完成放款；贷款不良率低，绝大多数公司已实现盈利和财务可持续。总体上，小额贷款公司在支持县域经济发展方面发挥了积极作用，也是国务院对鼓励民间资本进入金融服务业有关要求的良好实践，试点目标已经初步实现。

小额贷款公司试点存在局部风险。小额贷款公司试点总体风险可控，但部分地区局部范围内风险突出。一是个别小额贷款公司涉嫌参与非法集资或违规吸存等违法犯罪活动，可能诱发区域性金融风险，扰乱地方金融秩序。二是部分小额贷款公司涉足委托贷款，或通过信托理财、资产转让等业务绕过债务融资上限政策。三是部分小额贷款公司偏离"支农支小"方向，以发放大额关系贷款或股东关联贷款为主，或将贷款投向房地产等国家限控行业。四是个别小额贷款公司涉嫌暴力收贷，部分小额贷款公司通过收取手续费、咨询费等方式变相抬高利率。五是部分小额贷款公司普遍存在财务核算混乱、内外两本账等问题。

小额贷款公司试点监管体制不顺问题非常突出。一是中央缺乏协调，地方监管松散。中央对地方指导不够，各地试点方案均不同程度突破23号文规定，中央有关部门也很难及时掌握各地试点的确切信息。地方监管中"重审批、轻监管"，"多头监管、各管一段"特征明显，日常监管流于形式，打击违法违规活动力度不足。二是监管任务不明。我国尚未对非金融机构放贷人专门立法，监管政策上对"只贷不存"小额贷款公司的监管应适用何种原则、包括哪些内容尚不明确。三是地方政府履行小额贷款公司监管职能存在法律障碍。地方政府依据23号文对小额贷款公司的准入实施行政许可，对小额贷款公司的违规违法行为进行行政处罚，不符合《行政许可法》和《行政处罚法》规定。

配套政策不完善对小额贷款公司健康发展形成约束。一是税负过重。小额贷款公司税收按照一般工商企业标准缴纳。包括25%的所得税，5.6%的营业税及附加，还有0.05‰的合同印花税等，这对于单靠资本金运作获利的小额贷款公司来说负担较重，削弱了其可持续发展的能力。以一家1亿元注册资本金的小额贷款公司为例，按全年90%的使用率、月利率18‰计算，全年利息收入为1 944万元；所需扣除25%的所得税和5.56%营业税及附加，合计约30%，为583万元；按有关规定，坏账准备金要达到年终金额的1%，即90万元（进入成本，扣除所得税，实际为67.5万元）。实际税后利润1 294万元，剔除股东要求的分红1 200万元，扣除营业费用、管理成本后几乎无利可图。较重的税费负担一方面增加贷款成本，影响了对"三农"和中小企业的支持效果，另一方面，它所导致的小贷公司盈利能力下降也不利于吸引民间资金的进入。二是融资困难。目前，根据23号文规定，小额贷款公司可以向不超过两家银行融入不超过资本金50%的资金，用于发放贷款。在目前小额贷款公司不能吸收存款的情况下，最大融资杠杆只有1.5倍，和担保公司的10倍、银行平均的12.4倍相差甚远。由于资金融通渠道不畅，可贷资金不足已成为当前小额贷款公司发展最大的瓶颈因素。因此，适当放大其融资杠杆率，扩大融资渠道，提高盈利能力，才能使小额贷款公司持续健康发展。三是改制政策流于形式。根据银监会《小额贷款公司改制设立村镇银行暂行规定》（2009年6月），小额贷款公司改制设立村镇银行，除必须满足《村镇银行管理暂行规定》主要规定外，还需满足6类13项要求：小额贷款公司改制设立村镇银行时，必须满足新设村镇银行有关"主发起人、最大股东必须是银行业金融机构"的要求。小额贷款公司改制为村镇银行的条件，实际上高于投资者直接申请设立村镇银行的条件。四是财政补贴不到位。近年来，财政部已出台多项支农财税优惠政策，但小额贷款公司被排除在外。小额贷款公司业务范围是金融业务，但定位又是企业，非银监部门批准成立，所以享受不到应有的财政补贴。此外，小额贷款公司融资也无法和银行一样以 Shibor 为基准加点确定利率，只能按基准利率浮动，同时也不能办理小额贷款的土地房产抵押，这些都制约了小贷公司业务发展。

2. 村镇银行

银监会于 2006 年 12 月开始村镇银行的试点，村镇银行由现有的商业银行发起，发起行所占的股份必须占总股份的 20% 或以上，允许经营几乎所有的正规银行业务，贷款对象以中小企业和农户为主。截至 2012 年底，村镇银行资产总额为 4 343 亿元，其中各项贷款 2 330 亿元，84% 以上为农户与小企业贷款。负债总额为 3 695 亿元，其中各项存款 3 055 亿元。全年共实现利润 75.2 亿元。村镇银行加权平均资本充足率为 26.93%，核心资本充足率为 25.57%；不良贷款余额为 7.56 亿元；不良贷款率为 0.32%。贷款损失专项准备充足率为 357.18%，拨备覆盖率为 669.33%，贷款拨备率为 2.17%，流动性比例为 69.89%。

村镇银行是基于银监会提出的开放农村金融市场和消除"零金融机构乡镇"。村镇银行设立必须要有主发起行，这就意味着民营资本进入金融业只是形式，实际上，一家银行完全可以以低成本的方式设立分支机构，没有必要成立村镇银行。很多银行设立村镇银行只是监管部门要求其在大城市设立分支机构必须设立村镇银行。村镇银行从发起人来看，以城市商业银行和农村金融机构为主，这也是这两类机构希望通过设立村镇银行跨地经营。部分外资银行参与村镇银行试点，也并非看好农村金融业务前景，有的反而更看重"广告效应"等。

村镇银行的潜在风险不可忽视。从经营状况来看，村镇银行盈利与资产规模存在一定的相关性。其盈利与当地经济金融环境和自身情况有较大关系，但同其资产规模也有一定的相关性。调查显示，多数亏损村镇银行认为，经营规模是制约其盈利的主要因素，随着规模的扩大，其经营状况会越来越好。村镇银行资金来源不稳定，存在流动性风险。由于县域和农村经济基础薄弱，村镇银行盈利的难度较大。整体来看，村镇银行存款以企事业单位存款为主，而且活期存款较多，资金来源不够稳定。村镇银行企事业单位存款占比在60%以上，与此相反，银行业金融机构整体储蓄存款和单位存款基本持平。这说明村镇银行在吸收居民存款和定期存款方面存在较大的困难。主要原因在于机构网点少，社会认可度低。同时，部分村镇银行的存贷比较高，流动性不足。当客户资金需求大时，存在潜在流动性风险。

村镇银行扩张过快，可能造成新的风险隐患。一是城市商业银行和农村金融机构（目前来看，这两类机构是发起设立村镇银行的主体）快速大量跨区域设立村镇银行，管理链条拉长，但其缺乏跨区域经营的经验和足够的高管储备，风险管理能力跟不上容易诱发系统性风险。二是村镇银行盈利需要较长的时间和一定的规模，发起机构尤其是城市商业银行和农村金融机构大量设立村镇银行，对发起行的财务影响较大。三是村镇银行流动性较差，需要发起行的支持。城市商业银行和农村金融机构大量设立村镇银行，对发起行的流动性也是考验。四是允许资产管理公司等非银行金融机构设立村镇银行，发起机构缺乏管理银行的经验和技术，更应该适度稳步前进。因此，不能纯粹为完成任务，推动村镇银行过快扩张，而应根据实际情况制定科学的发展规划。

尽管村镇银行设立的目的是为"三农"服务，但部分村镇银行服务"三农"效应不明显。一是部分村镇银行网点对农村的辐射还不够。并且大部分设立在县城，对农村的服务不足。二是部分村镇银行的主要客户不是农户。据调查，部分村镇银行虽定位为"服务三农"，但其实际业务重心和目标客户群体主要集中在县域，与城市商业银行县级支行无本质区别,服务"三农"的深度和广度还不充分。三是个别村镇银行反映发起银行有要求村镇银行上存资金的苗头。

(六) 政府的激励政策

相对于城镇地区较为成熟的金融市场环境而言,农村金融具有特定特点。一是信用贷款是主要资金运作方式。农村金融市场普遍缺乏抵押物,客户提供能够保证抵偿贷款基本风险的有价值抵押物是正规金融市场放贷的基本条件,但是,由于农户生产工具和生活用具所具有的抵偿价值不大,而且没有一个良好的流通市场,难以提供合格的抵押物。二是在农村金融市场,金融机构将面临个体经营者经营活动面临的自然风险、社会风险和市场风险。农村金融市场的客户——农户能够承受各种风险的能力非常脆弱,农业同时受到自然风险、经营风险和社会风险等的影响,客户风险承受能力较弱。三是非生产性信贷在微型金融市场客户资金需求上占据重大比例。个体经营者经济基础薄弱,使得信用贷款不能完全保证用在经营性、生产性支出上。四是农村金融市场的金融服务成本相对较高。

因此,加大政策扶持的主要着力点在于解决农村金融"成本高、风险高"的核心问题,对成本费用相对较高的特殊地域、特殊业务或特殊机构予以财政补贴、税收优惠或激励性金融政策,通过农业保险保费财政补贴等措施以覆盖涉农金融风险。

近年来,中央为支持农村金融改革发展出台了一系列政策措施,对农业发展银行给予资本支持,对农业银行实施资产剥离,对农村扶贫贷款给予政策贴息,对农村信用社实行优惠税收等措施。人民银行充分运用货币政策及工具支持部分农村金融机构开展农村金融业务,主要有:对农村信用社实施差别准备金率,目前农村信用社存款准备金率一般比商业银行低2.5个百分点,其中资产规模小、支农贷款比例高的农村信用社执行比商业银行低4个百分点的存款准备金率,这类农村信用社占全部农村信用社的60%,仅此一

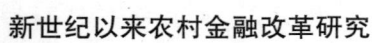

项留存农村的资金约 1 000 亿元；对农村信用社给予支农再贷款支持；发行央行票据用于置换农村信用社的不良资产和弥补历年亏损，共计 1 656 亿元。加大农村金融政策扶持为促进农村金融机构健康发展和提高支农服务水平发挥了积极作用。

针对农村金融服务力度总体不足，农村地区资金外流长期存在的情况，改革了邮政储蓄全额转存人民银行模式。2006 年以来，中央一号文件连续提出"县域内各金融机构在保证资金安全的前提下，将一定比例的新增存款投放当地，支持农业和农村经济发展"的明确要求。2010 年，人民银行与银监会开始对中部、西部、东北地区的 20 个省（自治区、直辖市）全部辖区，以及东部地区的国家扶贫开发工作重点县和省级扶贫开发工作重点县的县域法人金融机构实施信贷投放比例考核激励政策。

表 5–1　　　　　　　　　　部分农村金融扶持政策措施一览

文件名	文件号	涉及农村金融扶持政策的主要内容
《财政部关于印发中央财政农村金融机构定向费用补贴资金管理暂行办法的通知》	财金〔2010〕42 号	对当年贷款平均余额同比增长且达到银监会监管指标要求的贷款公司、农村资金互助社，当年贷款平均余额同比增长、年末存贷比高于 50% 且达到银监会监管指标要求的村镇银行，按当年贷款平均余额的 2% 给予补贴。自 2010 年起，定向费用补贴政策扩大到基础金融服务薄弱地区，西部地区 2 255 个基础金融服务薄弱乡镇设立的各类银行业金融机构已纳入补贴范围。
《财政部关于印发〈中央财政种植业保险保费补贴管理办法〉的通知》、《财政部关于印发〈中央财政养殖业保险保费补贴管理办法〉的通知》	财金〔2008〕26 号、财金〔2008〕27 号	财政部门按照"政府引导、市场运作、自主自愿、协同推进"的原则，对符合条件的种植业、养殖业保险业务，按照保费的一定比例，为投保的农户、龙头企业、专业合作经济组织提供补贴。

续表

文件名	文件号	涉及农村金融扶持政策的主要内容
《财政部关于进一步加大支持力度 做好农业保险保费补贴工作的通知》	财金〔2012〕2号	进一步加大对农业保险的支持力度，将中央财政农业保险保费补贴政策推广至全国，保费补贴品种增加糖料作物保险至15个险种，支持各地提高农业保险保障水平和赔偿额度，并按规定给予保费补贴，引导农业保险的市场化运作，促进和培育农业保险市场发展，提高金融支持"三农"力度。
《财政部关于印发〈财政县域金融机构涉农贷款增量奖励资金管理办法〉的通知》	财金〔2010〕116号	对涉农贷款平均余额同比增长超过15%的县域金融机构，按涉农贷款增长超过15%部分的2%给予奖励。对年末不良贷款率高于3%且同比上升的县域金融机构，不予奖励。奖励资金由中央和地方财政分担，东、中、西部地区，中央与地方财政分担比例分别为3:7、5:5、7:3。
《财政部关于开展小额贷款公司涉农贷款增量奖励试点的通知》	财金〔2012〕56号	对天津、辽宁、山东、贵州4省（市）符合监管要求、涉农贷款平均余额同比增长超过15%的县域小额贷款公司，对超过15%的部分按2%的比例给予奖励。奖励资金由中央和地方财政分担，东、中、西部地区，中央与地方财政分担比例分别为3:7、5:5、7:3。对年末不良贷款率高于3%且同比上升的县域小额贷款公司，不予奖励。

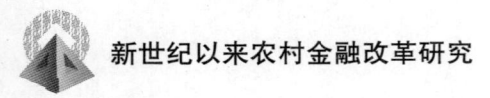

续表

文件名	文件号	涉及农村金融扶持政策的主要内容
《财政部 国家税务总局关于农村金融有关税收政策的通知》	财税〔2010〕4号	自2009年1月1日至2013年12月31日，对金融机构农户小额贷款（单笔且贷款余额在5万元以下）的利息收入，免征营业税；对金融机构农户小额贷款的利息收入在计算应纳税所得额时，按90%计入收入总额；对保险公司为种植业、养殖业提供保险业务取得的保费收入，在计算应纳税所得额时，按90%比例减计收入。自2009年1月1日至2011年12月31日，对农村信用社、村镇银行、农村资金互助社、由银行业机构全资发起设立的贷款公司、法人机构所在地在县及县以下地区的农村合作银行和农村商业银行的金融保险业收入减按3%的税率征收营业税。
《财政部 国家税务总局关于延长金融企业涉农贷款和中小企业贷款损失准备金税前扣除政策执行期限的通知》	财税〔2011〕104号	将金融企业涉农贷款和中小企业贷款计提的贷款损失专项准备金准予在计算应纳税所得额时扣除的政策执行期限自2008年1月1日至2010年12月31日继续延长至2013年12月31日。
《财政部 国家税务总局关于延长农村金融机构营业税政策执行期限的通知》	财税〔2011〕101号	将财税〔2010〕4号第三条规定的"对农村信用社、村镇银行、农村资金互助社、由银行业机构全资发起设立的贷款公司、法人机构所在地在县（含县级市、区、旗）及县以下地区的农村合作银行和农村商业银行的金融保险业收入减按3%的税率征收营业税"政策的执行期限延长至2015年12月31日。

续表

文件名	文件号	涉及农村金融扶持政策的主要内容
《财政部 国家税务总局关于保险公司农业巨灾风险准备金企业所得税税前扣除政策的通知》	财税〔2012〕23号	保险公司经营财政给予保费补贴的种植业险种的，按不超过补贴险种当年保费收入25%的比例计提的巨灾风险准备金，准予在企业所得税前据实扣除。
《财政部 国家发展改革委关于重新发布银监会行政事业性收费项目的通知》	财综〔2010〕60号	暂时免收银行业监管费的机构包括：农村信用社、农村合作银行、农村商业银行，三类新型农村金融机构，农业银行三农事业部。
《国务院办公厅关于当前金融促进经济发展的若干意见》	国办发〔2008〕126号	放宽金融机构对中小企业贷款和涉农贷款的呆账核销条件，授权金融机构对符合一定条件的中小企业贷款和涉农贷款进行重组和减免。
《中国人民银行关于完善支农再贷款管理 支持春耕备耕 扩大"三农"信贷投放的通知》	银发〔2009〕38号	允许支农再贷款合同期限展期，经过展期支农再贷款使用期限由一年可延长至三年；将支农再贷款发放范围由农村信用社扩大到农村合作银行、农村商业银行、村镇银行等设在县域和村镇的存款类金融机构法人，将支农再贷款的用途范围由发放农户贷款扩大到其他涉农贷款，有效调动了农村信用社等有关农村金融机构的积极性。
《中国人民银行关于开展拓宽支农再贷款适用范围试点的通知》	银发〔2012〕207号	在黑龙江省、陕西省辖区内开展拓宽支农再贷款适用范围的试点，试点地区支农再贷款的对象由现行设在县域和村镇的农村商业银行、农村合作银行、农村信用社和村镇银行等存款类金融机构法人，拓宽到设在市区内涉农贷款占其各项贷款比例不低于70%的上述四类机构。

续表

文件名	文件号	涉及农村金融扶持政策的主要内容
人民银行、银监会出台《关于鼓励县域金融机构将新增存款一定比例用于当地贷款的考核办法》	银发〔2010〕262号	对于可贷资金超过70%用于当地贷款或可贷资金减少但当地贷款增加的县域法人金融机构，存款准备金率按低于同类机构正常标准1个百分点执行，并按新增贷款一定比例申请再贷款并享受优惠利率。

在引导和鼓励金融机构对农户和城乡的微小企业贷款方面，逐渐放开了对金融机构贷款利率的限制，取消了对商业银行贷款上限的规定，这样城商行就有可能将贷款利率提高到基准利率的四倍。实践中，部分城商行将城市小额贷款的利率提高到18%左右，这样就有足够的利差来支付较高的信贷员成本和其他操作成本。除逐步放开贷款利率控制外，政府还从财政和税收政策上鼓励农村金融机构开展农贷和小额信贷业务，如对5万元以上人民币的贷款实行税收减免和优惠等。

目前，我国初步形成了正向激励的财税、金融政策相结合的扶持政策体系，在一定程度上弥补了市场配置机制的不足，对消化金融机构历史包袱、促进深化改革和有效调动支农积极性发挥了积极作用。

但是，从财政资金使用效率看，在发展中国家信息不透明和社会监督不完善的情况下，瞄准机构或具体产品（贴息贷款）的财政补贴政策往往难以获得成功。一是补贴机构不等于补贴农户。对农信社、农业银行等机构的补贴固然能够增强这些机构的所谓"支农能力"，但是能力增强的机构并不一定支农。常常出现财政的资金支持没有真正改善目标客户的境遇，根本的原因在于，财政资金并没有与机构为目标客户服务的程度有效结合。二是针对机构进行补贴可以诱发更多的设租和寻租行为，进一步导致贪污腐化并扭曲市场机制。三是国际经验表明,贴息贷款的产品成功范例不多,目标客户不能真正得到资金,有权部门获得政策价格和影子价格之间的免费午餐,同时正常的商业性资金也被进一步挤出市场。

因此,农村金融体系需要政府财政资金的投资,但财政如何高效地投入,发挥四两拨千斤的作用,却是要认真研究的问题。一个基本的原则是,财政补贴应在信息透明和社会监督基础上,与市场机制有效对接:一是对于财政资金的支持对象,至少应该在不同机构之间实现"普惠",使其享受同等的待遇。无论哪家机构,无论什么属性的机构,只要其实现了政策目标,达到了标准,就应该享受相同的(公开透明的)支持政策。二是制定详细科学、激励相容的财税补贴细则,明确达到什么样的业务标准(可核查的),就可以享受什么样的政策支持。

(七)自下而上的创新

农村金融与城市金融最大的区别是有无抵押物。在农村,土地不能抵押,农民难有其他抵押物,迫使有的地方用公务员担保。要发展农村金融,一方面需要金融机构创新,通过软信息来评估贷款风险;另一方面,如果能够以土地抵押,也可以解决问题。有的地方实际上是在这样做。近年来,有的地方在不断试点土地流转,但最大的问题是不同部门有不同的认识和看法。

表5-2　　　　　　　　　土地流转政策演进历程

时间	土地流转政策	主要内容
1984年	中共中央第3个农村工作一号文件	在延长承包期以前,群众有调整土地要求的,可以本着"大稳定,小调整"的原则,经过充分商量,由集体统一调整。同时,鼓励土地逐步向种田能手集中。社员在承包期内,因无力耕种或转营他业而要求不包或少包土地的,可以将土地交由集体统一安排,也可由社员自找对象协商转包。

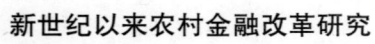

续表

时间	土地流转政策	主要内容
1986年	中共中央第5个农村工作一号文件	随着农民向非农产业转移,鼓励耕地向种田能手集中,发展适度规模的种植专业户。
1987年	中共中央政治局《把农村改革引向深入》文件	在京、津、沪郊区、苏南地区和珠江三角洲,可分别选择一两个县,有计划地兴办具有适度规模的家庭农场或合作农场,也可以组织其他形式的专业承包,以便探索土地集约经营的经验。
1993年	《中共中央 国务院关于当前农业和农村经济发展的若干政策措施》文件	在坚持土地集体所有和不改变用途的前提下,经发包方同意,允许土地使用权依法有偿转让。
1993年	中共十四届三中全会《关于建立社会主义市场经济体制若干问题的决议》	在坚持土地集体所有的前提下,延长土地承包期,允许土地使用权依法有偿转让。也允许少数经济比较发达的地方,本着群众自愿原则采取转包、入股等多种形式发展适度规模经营。
1995年	《国务院批转农业部关于稳定和完善土地承包关系意见的通知》	建立土地承包经营权流转机制,在坚持土地集体所有和不改变土地农业用途的前提下,经发包方同意,允许承包方在承包期内,对承包标的依法转包、转让、互换、入股。
2002年	《农村土地承包法》	通过家庭承包取得的土地承包经营权可以依法采取转包、出租、互换、转让或者其他方式流转。
2005年	农业部《农村土地承包经营权流转管理办法》	对农村土地承包经营权流转的原则、当事人权利、流转方式、流转合同、流转管理等进行了可操作性规定。
2008年	中共十七届三中全会《关于推进农村改革发展若干重大问题的决定》文件	在保留"依法自愿有偿原则"和"允许农民以转包、出租、互换、转让、股份合作等形式流转土地承包经营权,发展多种形式的适度规模经营"基础上,提出要"加强土地承包经营权流转管理和服务,建立健全土地承包经营权流转市场,有条件的地方可以发展专业大户、家庭农场、农民专业合作社等规模经营主体"。

续表

时间	土地流转政策	主要内容
2010年	中共中央第6个农村工作一号文件	完善农村土地承包法律法规和政策，加快制定具体办法，确保农村现有土地承包关系保持稳定并长久不变。加强土地承包经营权流转管理和服务，健全流转市场，在依法自愿有偿流转的基础上发展多种形式的适度规模经营。

林权抵押是土地抵押的突破口。我国现行多部法律（《民法通则》第八十条、《担保法》第三十七条、《物权法》第一百八十四条，等等）均明确规定耕地的土地承包经营权不能用于抵押，林权是可以用于抵押贷款的。

虽然法律禁止耕地承包经营权用于贷款抵押，但在现实中，耕地承包经营权用于贷款抵押存在迫切的现实需求，在不少地方已现实存在。在各地已经开展的耕地承包经营权抵押贷款业务中，初步归纳主要有五种模式：一是省级政府出台指导意见或制定专门法规，如重庆市人民政府2010年11月出台《加快推进农村金融服务改革创新的意见》，以全面推进农村土地承包经营权为核心创新农村金融制度；二是地市或县级政府出台地方性管理办法，如辽宁、湖北、福建、浙江、陕西等地区的部分市县；三是当地人民银行和银监部门联合下发指导意见，如湖南省南县；四是当地农村信用社制定贷款管理办法，如江西省余江县、宁夏同心县、平罗县；五是当地法院出台意见，如浙江省、山东省枣庄市。

农村金融与城市金融最大的区别是缺少抵押品，各地农村土地创新的实践有助于解决这一问题。从各地已经开展的实践看，这些自下而上的改革需要中央政府在一些政策上进行突破，使自下而上与自上而下相结合，更好推动农村金融的发展。

（八）更加关注微型金融

国务院扶贫办和财政部从 2006 年起在全国 14 个省开展了 100 个村的互助资金试点，2007 年扩大到 27 个省、274 个村的试点。截至 2008 年底，有扶贫任务的 28 个省（自治区、直辖市）已在 4 122 个贫困村建立了互助资金组织，资金总规模达 6.6 亿元，各地累计发放互助资金贷款 3.1 亿元，8.6 万次。目前试点已扩大到近一万个行政村，对缓解贫困地区贷款难起了一定的积极作用。

对小额信贷功能的看法也有了明显转变，从以扶贫为主转到商业化的小额信贷业务，为"三农"和微小企业提供可持续的金融服务。中国 20 世纪 90 年代从孟加拉引入的乡村银行小额信贷的模式主要是补贴性扶贫式的小额信贷，瞄准的大多是从事小买卖、无地或少地的非常贫困的群体。早期中国小额信贷的试点是在贫困边远的山区，瞄准的大多是贫困农户。从本世纪初，特别是 2005 年以来，商业性的强调财务可持续运行的小额信贷模式开始进入中国。人民银行有关小额贷款公司的试点是一种无补贴的，纯粹商业性的小额信贷。国家开发银行在世界银行和 KfW 支持下开展的城商行小额信贷下移项目也是商业可持续性的。2005 年以来小额贷款公司、村镇银行数量的增加和城商行城市小额信贷下移业务的快速发展说明了中国有商业性小额信贷发展的广阔市场。

最后是从政策上鼓励农贷和小额信贷产品的创新。2005 年政府重视农村金融产品和服务方式的创新。2008 年 10 月，人民银行联合银监会在中国中部六省和东北三省选择部分县（市）开展农村金融产品和服务方式创新的试点。试点内容包括：大力推广农户小额信用和联户担保贷款，创新贷款担保方式，探讨发展基于订单与保单的金融工具，推进农村金融服务电子化、信息化等。开发出一批金融创新产品。

三、农村金融改革的评价与分析

(一) 十年农村金融改革的效果与不足

1. 农村金融的基本金融服务初步得到解决

农村金融服务覆盖面持续扩大。截至2012年底,全国金融机构空白乡镇从启动时(2009年10月)的2 945个减少到1 686个;实现乡镇金融机构和乡镇基础金融服务双覆盖的省份(含计划单列市)从2009年10月的9个增加到24个。截至2012年底,全国已组建的新型农村金融机构84.4%以上的贷款投向了"三农"和小企业。全国2 000多个县(市)中的1/4都设有新型农村金融机构,在已批设机构中,90%以上设立在县及县以下地区,中西部地区新型农村金融机构数量占到60%。

2009年出台《中国人民银行关于改善农村支付服务环境的指导意见》(银发〔2009〕224号),明确了改善农村支付服务环境的指导思想和总体目标。2010年根据农村地区实际情况推广示范县经验,全面改善农村支付环境。截至2010年9月底,全国共有27 529家农村信用社、1 231家农村合作银行、1 066家农村商业银行、211家村镇银行接入人民银行支付系统。农民工银行卡得到快速推广普及,大大便利了外出务工农民的异地存取款。截至2012年底,全国共有超过4万个农村地区银行营业网点可以办理农民工银行卡特色服务业务;2012年,农民工银行卡特色服务取款交易笔数近5 785万笔,交易金额约479亿元。

2010年,在借鉴农民工银行卡特色服务的经验基础上,人民银行在农村地区组织试点小额助农取款业务。截至2012年底,助农取款服务已在全国范围内开通,设置在行政村的助农取款服务点合计超过66万个,覆盖行政村超过40万个,消除金融服务空白乡镇比率达70%以上。2012年，取款笔数和金额分别超过7 250万笔、236亿元。

农业银行以惠农卡为依托，对符合条件的农户"一次授信，循环使用，随借随还"。截至2012年底，累计发放惠农卡1.28亿张，覆盖全国8 700万农户，覆盖率约40%；为840万农户提供了贷款授信，为259万农户发放小额贷款，余额达975亿元。全行农户贷款余额达3 938亿元，比2007年增加近4倍。大力开展支付结算服务。通过在小超市、农资店、卫生所、农村大学生服务站等建立助农金融服务站，集中布放转账电话、POS机、"金益农"自助服务终端等电子设备，将银行卡受理网络延伸至广大偏远乡村。截至2012年底，代理新农保、新农合共计1 532个县，覆盖全国农业县（市、区、旗）的53.8%，累计归集资金1 607亿元，累计发放资金1 271亿元；代理粮食直补、"家电下乡"补贴、农村低保、代收水电费等惠农项目共计492个，累计发放资金196亿元。

邮储银行有2.8万个位于县及县以下农村地区的信息化网点，向广大农村居民提供各种基本金融服务。截至2012年底，全国邮政储蓄余额达到4.05万亿元，其中，县及县以下网点储蓄余额约为2.65万亿元，占比为65.53%。此外，近年积极开展"新农保"和银行卡助农取款等金融服务，截至2012年底，已在全国25个省开办了"新农保"业务，累计代缴保费7 428.38万笔、金额223.37亿元；累计代发保费3.61亿笔、金额399.17亿元。截至2012年底，共建设银行卡助农取款服务点7.55万个，累计交易笔数超过347.76万笔，交易金额7.75亿元。

2. 农村信贷投入有所增加

对县域和农村的信贷投入有所增强。截至2012年底，全部金融机构本外币农村（县及县以下）贷款余额为14.5万亿元，同比增长19.7%，占各项贷款余额比重为21.6%，较2007年末增长

188.6%，5年间平均年增速为24.4%；农户贷款余额为3.6万亿元，同比增长15.9%，占各项贷款余额比重为5.4%，较2007年末增长170.1%，5年间平均年增速为22.3%；农林牧渔业贷款余额为2.7万亿元，同比增长11.6%，占各项贷款余额比重为4.1%，较2007年末增长81.1%，5年间平均年增速为13.4%；全口径涉农贷款余额为17.6万亿元，同比增长20.7%，占各项贷款余额比重为26.2%，较2007年末增长188.2%，5年间平均年增速为24.3%。

从2002年底到2012年底，农信社各项贷款余额从1.4万亿元增长至7.8万亿元。2012年末，涉农贷款余额5.3万亿元，占其同期各项贷款的68.1%，与2007年相比，分别提高3.2万亿元、1.6个百分点。从"三农"贷款投向看，截至2012年底，农村信用社发放的农户贷款余额2.64万亿元，比2002年末增长了5.3倍，占其全部贷款余额的33.7%，占全部金融机构农户贷款余额的72.96%。全国持有农村信用社贷款的农户约4 209万户，平均单户贷款余额6.27万元。农村信用社发放的农林牧渔业贷款和农村（县及县以下）贷款余额分别为1.94万亿元和4.73万亿元，分别占其全部贷款余额的24.8%和60.3%，分别占全部金融机构农林牧渔业贷款和农村（县及县以下）贷款的71.29%和32.55%。截至2012年底，农业发展银行各项贷款余额达21 850.77亿元。大力支持粮棉油收储，截至2012年底，以粮棉油收储、加工、流通为重点的全产业链贷款余额10 873.1亿元，以新农村建设和水利建设为重点的农业农村基础设施建设中长期贷款余额8 993.61亿元。

农业银行支农服务能力日益增强。截至2012年底，农业银行涉农贷款余额1.91万亿元，比2007年（剔除剥离因素）增加约1.3万亿元，增幅超过130%。为县域小微企业发展提供资金支持。截

至 2012 年底，农业银行小微企业贷款客户数超过 4.4 万户，占全行法人贷款客户数的 57%；小微企业贷款余额 6 300 亿元，其中县域小微企业贷款超过 2 750 亿元；全年累计发放小微企业贷款 5 848 亿元。农业银行个人助业贷款余额近 1 250 亿元，惠及数十万小微企业主和个体工商户。积极支持大型水利项目、江河治理、农村民生水利、小型农田水利和新型节水高效农业等重点领域。尝试探索了水资源经营权质押、收费权质押等多种新型抵（质）押担保方式，不断加大信贷投入。2012 年全年累计投放农田水利建设贷款 153.8 亿元，年末贷款余额达 721.5 亿元。大力支持重点农产品生产和流通，为产业化龙头企业提供全面金融服务。2010 年启动并推进"丰收计划"，以 13 个粮食主产省（区）和全国 800 个产粮大县为重点区域，加大金融支持力度。截至 2012 年底，农业银行粮食生产相关领域贷款余额超过 1 000 亿元，在 13 个粮食主产省（区）的贷款余额为 1.08 万亿元。共支持了 50% 的国家级种业骨干企业，累计投放贷款超过 35 亿元。对龙头企业贷款 1 467 余亿元，比年初增长 12.7%；对国家级、省级农业产业化龙头企业的服务覆盖分别达到 918 家、4 602 家；为全国 244 户农业科技企业提供信贷支持，授信总额 97.49 亿元。由农业银行支持的国家农业科技园区入驻龙头企业超过 4 500 家，推广应用新技术超过 5 400 项，新品种超过 8 000 个。以商务部"万村千乡市场工程"、"双百市场工程"和供销合作总社"新网工程"建设为重点，加大对农村商品流通环节的金融支持力度。2010 年以来，农业银行累计发放商品流通市场建设贷款 130 亿元，贷款余额超过 120 亿元，新增市场建设客户 110 家。

邮政储蓄发展小额贷款和县域小微企业贷款。截至 2012 年底，共有 312 家二级分行、2 224 家一级支行的 5 546 家二级支行开办了小额贷款业务，其中 3 623 家在县和县以下农村地区。全行累计发放小额贷款 1 078.46 万笔，6 518.88 亿元，结余 271.87 万笔、

1 406.62 亿元，笔均 5.17 万元。在县及县以下农村地区，累计发放小额贷款 798.03 万笔、4 627.27 亿元，占全部小额贷款累计发放金额的 70.98%，贷款结余为 200.69 万笔、1 023.27 亿元，占全部小额贷款结余的 72.75%。县域小微企业贷款方面，陆续推出了房产抵押、土地抵押、商铺使用权抵押、产权商铺抵押、市场方担保、渔船抵押、运输船抵押、林权抵押、集体土地性质房产抵押、建筑器材抵押、动产质押、国内保理等多种贷款产品。截至 2012 年底，累计发放小企业贷款（包括小企业法人贷款与小企业主个人商务贷款）187.3 万笔、6 770.88 亿元，结余 73.69 万笔、2 784.93 亿元，笔均 36.15 万元。在县及县以下农村地区，小企业贷款余额为 1 133.18 亿元，占全部小额贷款结余的 48.69%。

3. 农村金融机构的资本充足率和稳健性有所增强

农村金融机构的不良贷款率降至较低水平。涉农贷款不良率持续降低，可持续发展能力稳步提高。截至 2012 年底，金融机构涉农贷款不良率为 2.4%，同比下降 0.5 个百分点。中资四家大型银行涉农贷款不良率为 1.4%，其中农业银行为 2.0%；中资中型银行涉农贷款不良率为 0.9%，其中农业发展银行为 1.0%；农村信用社（含农村商业银行、农村合作银行）涉农贷款不良率为 5.4%。

农村信用社资产质量显著改善，整体风险得到控制。从资产质量角度看，按照贷款四级分类口径，从 2002 年末到 2009 年末，农信社不良贷款率从 36.93% 降至 7.41%；按照贷款五级分类口径，从 2006 年底到 2012 年底，全国农信社不良贷款率从 27.93% 降至 4.51%，拨备覆盖率则从 8.18% 增加至 111.83%。从盈利情况看，全国农村信用社自 2004 年实现首次轧差盈利后，截至 2011 年末，累计实现盈利 5 136 亿元；累计消化历年亏损挂账 970 亿元，与 2002 年末相比，降幅达到 74%，共有 2 031 个县（市）已全额消化了历年亏损挂账。当年亏损的农村信用社县（市）个数由 1 088 个

减少到18个。资产利润率为1.0%，与2002年末相比，提高1.13个百分点。从资本充足率角度看，按四级分类口径，从2002年末到2008年末，农信社资本充足率从-8.5%提高至11.57%；按五级分类口径，从2007年底到2012年底，农信社资本充足率从-0.1%提高到11.85%。

4. 农村金融基础设施得到改善

为促进农村金融服务升级和创新，畅通农村支付结算渠道，人民银行制定实施了一系列政策措施，组织涉农金融机构推广适应农村需要的非现金支付工具和终端，延伸支付系统覆盖面，开展支付结算特色服务，极大便利了农民和农村地区的支付活动。农民工银行卡特色服务向全国推广，方便外出务工农民的异地存取款。银行卡助农取款服务向偏远农村地区延伸，加快构建支农、惠农、便农的"支付绿色通道"。

农村信用环境建设持续推进，农村金融生态环境逐步改善。人民银行联合地方政府、相关部门、金融机构多渠道开展对农村地区的信用知识宣传；征集农户信息，完善农户、农村个体户等农村经济主体的信用记录，建立信用档案，探索建立适合地方特点的农户评价体系，推动各地开展"信用户"、"信用村"、"信用乡（镇）"创建。引导涉农金融机构对守信农户简化贷款手续、降低贷款利率上浮幅度，推动地方政府及各涉农职能部门出台与信用相结合的"三农"支持政策、措施，共享农户信用信息，构建"守信受益、失信惩戒"的信用激励约束机制，提高农民的信用意识，改善信用环境。

5. 财政农村投入为农村金融体系健康运行创造良好条件

2003年，党中央提出了"统筹城乡发展"的方略，提出要把"三农"问题作为全党工作的重中之重，我国财政支农政策开始实现战略性的转变。2004年以来，中央连续出台了多个"一号文件"，先后出台实施了以"四减免"（农业税、牧业税、农业特产税和屠宰税）、"四补贴"（种粮直补、农资综合直补、良种补贴和农机具购置补贴）为主要内容的支农惠农政策，中央对农业投入的力度进一步加大，财政支农工作的指导思想也发生了根本性转变，农民与政府的"取"、"予"关系发生根本性改变。从政策层面上，把财政支农的重点由原来的以促进农业生产为目标，转向以促进农业农村的全面发展为目标；把整合财政支农资金，发展现代农业，统筹城乡发展作为财政支农新的着力点。

2002年10月，《中共中央、国务院关于进一步加强农村卫生工作的决定》明确指出：要"逐步建立以大病统筹为主的新型农村合作医疗制度"，"到2010年，新型农村合作医疗制度要基本覆盖农村居民"，"从2003年起，中央财政对中西部地区除市区以外的参加新型合作医疗的农民每年按人均10元安排合作医疗补助资金，地方财政对参加新型合作医疗的农民补助每年不低于人均10元"，"农民为参加合作医疗、抵御疾病风险而履行缴费义务不能视为增加农民负担"。这是我国政府历史上第一次为解决农民的基本医疗卫生问题进行大规模的投入。从2012年起，各级财政对新农合的补助标准从每人每年200元提高到每人每年240元。

6. 农业保险和农产品期货发展迅速但作用不大

近年来农业保险快速发展，在稳定农业生产、促进农民增收和改善农村金融环境等方面发挥了积极作用。2007年，国家财政首次对农业保险给予补贴。一是农业保险试点的险种范围不断扩大，先后开办了玉米、水稻、烟叶等种植业保险和肉鸡、生猪、奶牛等养殖业保险。农业保险覆盖面稳步扩大，风险保障能力有效提高。从地理区域分布看，农业保险已由试点初期的5个省（自治区、直辖市）覆盖到全国。从保险品种看，中央财政补贴的品种已达到15个。从风险保障能力看，我国农业保险在实现基本覆盖农林牧渔各主要农业产业的同时，在农业产业链前后都有了新的延伸，从生产领域的自然灾害、疫病风险等逐步向流通领域的市场风险、农产品质量风险等延伸。二是市场经营主体不断增加。2012年我国开展农业保险业务的保险公司已由试点初期的6家增至25家，适度竞争市场环境正逐步形成。三是政策支持力度连年加大。2012年，我国享受财政保费补贴政策的农业保险保费规模达到235.28亿元，占总保费规模的97.98%，财政补贴型险种仍是我国农业保险的主要险种，有效减轻了农民的保费负担水平。四是经济补偿功能持续发挥。2012年，共计向2 818万农户支付赔款148.2亿元，对稳定农业生产、促进农民增收起到了积极的保障作用。在一些保险覆盖面高的地区，农业保险赔款已成为灾后恢复生产的重要资金来源。2012年1—12月，全国农业保险保费收入240.13亿元，同比增长38%；为1.83亿农户提供风险保障9 006亿元，承保户数同比增长8%，保险金额同比增长38%。目前我国农业保险业务规模仅次于美国，已成为全球最活跃的农业保险市场之一。由政府补贴支撑的农业保险刚开始试点，且限于很少的农牧业产品。

农产品保险和期货市场虽然获得了一定发展，但仍然任重道远，发挥的作用仍然比较有限。除了农产品保险和期货市场自身的问题之外，一个最重要的问题是，我国农村农业生产仍然以小农生产为主，远远没有实现农业农户生产的组织化和规模化。对于由分散的小规模农户组成的农产品市场而言，保险和期货的定价作用十分有限。所以，加强农业风险管理，发挥农产品保险和期货的作用，就需要推动农村组织化和农业产业化。

7. 农村金融体系不能适应农村经济转型尤其是现代农业发展的需要

目前，金融机构在农村地区提供的服务主要以满足农户的基本存、贷款为主，此外还有粮食收购贷款和农村龙头企业贷款。但是农村金融体系还无法适应城乡一体化、农业现代化以及生产组织化、市场化的新的发展趋势。尤其是针对农业现代化的金融服务，如农业科技、农产品开发、水利设施、农产品营销等方面的金融产品和服务还基本处于空白。长期以来，与我国传统农业生产特点相结合，金融支持农业发展的重点放在农户融资上，金融主要满足的是以家庭为单位的农户生产所需的资金。而随着农业生产水平不断提高，农业发展进入新的阶段，现代农业将成为我国当前以及今后农业发展的主要模式，但从当前农村地区的金融服务来看，还没有将现代农业作为一个整体产业来看待。事实上，现代农业涵盖整个农业产业链以及相关的农业服务产业，包括为农业生产做准备的科研、农资等前期产业部门，农作物种植、畜禽养殖等中间产业部门，以及以农产品为原料的加工、储存、运输、销售等后期产业部门。

金融支持农业发展资金来源较为单一，金融服务能力受到限制。农业产业要获得较大发展，农业综合生产能力要有大的提高，必须在改造中低产田，开发农业资源，加强农田水利建设，加快农业科技推广，建立政府支持和保护农业体系，农产品深加工，农业商品基地建设，农村市场体系及设施建设等各个环节上努力，这些都需要巨额的资金支持。但目前，我国农业发展的资金来源主要是农户自有资金的积累、政府财政预算支出和金融机构的贷款。虽然近年来，中央加大对农业的投入，财政和金融投入农村的资金不断增加，但与其他产业相比，农业产业资金来源渠道狭窄，作为重要融资渠道的资本市场没有发挥应有的作用。

金融在管理农业生产风险上的作用没有充分发挥。农业生产不但面临自然风险，还面临很大的市场风险。农业生产的风险管理对促进农业产业化发展非常重要。但在我国农业生产风险管理中，金融的作用才刚刚起步，作为重要保障手段的农业保险、农产品期货和金融衍生产品在农业生产中的作用还远未发挥。

与金融相关的其他政策措施不尽完善，影响了金融支持现代农业作用的发挥。农村地区金融的发展不是孤立的，与当地经济社会发展程度密切相关。目前，我国农村地区的金融生态环境建设相对落后，与农村金融发展相联系的土地制度改革、投资环境、司法环境、信用环境、公共基础服务设施建设等改革也没有进行到位，还不能适应农村经济发展的要求，在一定程度上制约了农村金融改革的发展，也影响了金融对现代农业发展支持的力度。多层次农村金融机构体系尚未形成，不能很好支持现代农业发展。目前，在农村地区提供金融服务的主要机构是农村信用社、农业银行、农发行和邮政储蓄，以及刚开始试点的新型农村金融服务机构。尽管初步形成了多层次的农村金融机构体系，但在我国农村金融机构中缺少专门针对农业产业化生产链服务的专业金融机构。商业性、合作性和政策性金融机构的分工也不明确，尚未形成为现代农业发展提供全方位服务的农村金融体系。

总的来说，现行农村金融体系在高成本的基础上做到了基本金融服务（存汇款）的广覆盖，但不能适应农村经济转型，也是一种商业上不可持续的农村金融体系。

（二）对农村金融改革方案的评价

本轮农村金融改革是有顶层设计的，也是符合实际的。在出台国发15号文件的同时，农村金融改革领导小组就制定了整体农村金融改革方案（银发249号文），对农村金融改革有整体考虑，包括：农发行改革、邮政储蓄改革、农业保险和农产品期货发展；相关激励政策；还包括设立真正意义的民营中小银行和建立存款保险制度。

对当时的农村金融现状认识也很清楚：农村信用社和农业银行潜亏严重、不良贷款比例高，没有做到商业可持续发展和财务健康，加之国有商业银行县级机构和农业发展银行业务范围调整，农村金融体系的整体功能已不适应农村经济发展的需要。具体看，农村金融体系的问题包括：商业银行对农村信贷投放不足，邮政储蓄制度缺陷导致农村资金大量流向城市，县域经济的金融服务不到位，农民、农村中小企业贷款难，得不到基本的金融服务；农业保险萎缩；同时，对农村的金融监管不力。

本轮农村金融改革比较重视机制设计。中国人民银行行长周小川明确提出要"花钱买机制"。农村信用社的改革由银监会牵头领导，人民银行和相关部门负责制定和实施资金和财税支持方案，寄希望通过正向激励机制，引导农村信用社一步步改善经营，完善公司治理。本轮农村金融改革更为全面。2003年以前的农村金融机构改革偏重于农信社的机构改革，对农村金融的其他机构改革重视不够。最近十年农村金融改革拓展到了农村金融的其他机构改革。

（三）农村金融改革方案实施结果及原因分析

虽然改革方案设计愿望良好，但事实结果并不理想。一是农村金融机构的公司治理问题仍未解决。农村金融的"存量"（已有的农村金融机构）改革未在公司治理方面取得实质性进展，"增量"（新型农村金融机构）与"存量"大同小异。农信社仍为内部人控制，农发行作为政策性银行，治理不完善，农业银行的三农事业部有待实践检验，邮储还是邮政一股独大。而新型农村金融机构虽然数量不少，经营机制与农信社差别不大，对增加农村金融市场竞争的作用有限。可以说，现在农村金融体系是依靠高成本维持了一个基本的金融服务，农村金融体系不具有可持续性。

二是中央的优惠政策和支持资金效率不高，相关配套政策亟待推进。大多数中央的税收和其他优惠政策及支持资金都是针对特定机构，已经形成了一定的道德风险。从目前情况看，对农信社改革侧重于花钱，在改革机制方面花的工夫不够，尤其是存款保险、农业保险和其他财政扶贫政策等配套措施不到位，影响了农村金融机构的商业可持续性。

三是改革方式多为自上而下，分类指导坚持不够。此前的农村金融改革主要是中央政府主导，各地试点，而多数试点是只能成功不能失败，导致试点成功而复制却很难。实际上，2003年的农信社改革就未能很好地坚持因地制宜、分类推进的原则，此后的村镇银行等新型农村金融机构的建立，也是在政府和监管机构的大力协助下试点"成功"，推广却需要行政命令。

为何农村金融改革方案实施结果与方案大相径庭呢？我们以改革农信社和建立有效竞争的农村金融市场为例来分析。

1. 农信社改革忽视了最需要改革的机制

自2003年下半年开始的8省份农村信用社改革试点是我国金融改革的一个里程碑，也是为改变我国过去二十多年中金融改革和发展与实体经济改革和发展严重错位的一次重要尝试。改制和改革方式转变的主要目的是，鼓励适应当地经济发展需要的改革创新，建立一个可以满足不同地区、不同行业和不同层次金融需求的多样化的现代农村金融体系。

农信社改革虽然有比较完整的方案设计，但改革结果却取决于改革方案的实际执行情况。从目前情况看，农信社管理和监管体制的发展情景不明，主要是因为这取决于各相关方面，包括银监会、地方政府（主要是省级政府和县级政府）、省联社、县联社等利益攸关方的权力博弈，谁在这场博弈中胜出，最终的体制安排就会有利于谁。

总体上说，农村金融改革之所以步履艰难，是我国渐进主义改革中惯用的自上而下方略，与需要更多考虑基层政府、民间自发力量的自下而上方略之间的冲突所致。当政策设计者明白，对于分散的农村金融市场而言，只有将自上而下和自下而上方略有机结合，才能取得决定性成果之后，我们却不知道如何才能将两种方略结合得更好。所以说，农村金融改革之所以很难，就是因为我们还没有想清楚如何将自上而下和自下而上有效结合这个问题真正想清楚。一是政策设计之初就强调"因地制宜"，但实际中当自认为公正超脱的中央部门遇到地方利益抗衡时，就不知道如何因地制宜了，最后要么仍自上而下的全国一刀切，要么就使改革陷入僵局。二是一刀切运动式成立省联社，由省联社管理治理不完善的县联社，因此往往限制县联社的经营行为，这不但与改革初衷"完善公司治理"相违背，也与"因地制宜"原则相悖。

原有农村信用社体制设计存在着明显的道德风险漏洞，现有改革设计依然没有在微观基础上堵住这些漏洞。一个有效的制度安排必须体现权利与责任对等、努力程度与激励对等以及投资收益与所承担的风险对等。在现有的体制设计中，县联社（经营者）需要通过增资扩股来满足监管当局的资本充足率要求，但却又不必对股东负责；被剥夺了委托人权利的股东，追求的是不须承担风险的短期高额收益；省联社有权任命县联社的主任，但无须也没有能力承担县联社经营不善的责任。

这一次农村信用社改革过于强调机构合并和换牌子，忽略的恰恰是最需要改革的机制。如果问信用社的主任，改革前与改革后有什么不同，他会告诉你，原来的二级法人变成了一级法人；原来县联社由人民银行主管，现在则归省联社主管。尽管有增资扩股，有资格股和投资股，但信用社主任和县联社主任仍然由上级主管部门任命，股东无从置喙，股东大会、监事会等成了摆设。由于股东的权利与责任严重不对称，股金变成了高息的定期存款，股东的主要目的是获得贷款上的便利和利息优惠。信用社的激励机制、监督机制、退出机制等与信用社经营息息相关的微观机制在改革设计中几

乎没有提及。此外，信用社还是有信贷支农的挡箭牌，道德风险问题仍然没有根本解决，这与"花钱买机制"的初衷背道而驰；信用社还是单一模式一统天下、垄断经营、信用社的经营环境一如既往，机制创新乏善可陈，仍然是自上而下的改革，并没有遵循国发15号文件（2003）所倡导的原则；机制还是旧机制，人还是原来的人，很难有理由相信，这一轮实施的改革与以往的改革有什么不同。

在改革实施中，没有自上而下与自下而上结合，而是采取一刀切的做法。农村信用社改革的关键是要解决由谁来选择新机制的问题。如果这次改革仅仅局限于决策权由中央下放到省，并且由省级决策单位统一决定选择何种改革模式，那么改革思路的转变效果将会受到限制，地方的首创能力也将会是很有限的，难以完全避免重蹈过去十多年农村金融改革成效不彰的覆辙，更不能消除"新瓶旧酒"之虑。要解决由谁来选择新机制的问题，应该要实现政府角色的转换，省级决策单位更多地要从法律、法规上制定一个适应能力强、有弹性、有自我纠错能力的全新管理体制，而不是直接决定农村信用社改革的具体模式。换句话说，应该允许各信用社及其投资者在自愿的基础上进行合并重组，由信用社自行决定是加入县联社，还是独立存在，还是组织另外一个联合体，甚至组织农村商业银行；也要允许潜在的投资者自组新的金融机构。只有这样，金融机构才有良性的竞争，农民才有可能找到更放心的"借钱存钱"的地方。衡量"由谁来选择机制"的最好的办法是，新的机制是不是多元化的、有竞争力的，并且能够照顾到存款人和借款人的利益。

我国东、中、西部地区经济结构和市场结构迥异，地区之间农村金融需求千差万别，东部地区农村金融的需求主要来自非农部门，中部地区农村的金融需求主要在种养业，而西部地区农村的金融需求在很大程度上是用来满足由于产出的不确定性带来的生活方面盈余调剂。同样是"三农"问题，不同地区之间的侧重点各不相同，东部地区的重点是农村问题，中部地区的重点是农业问题，而西部地区的重点是农民问题。但在当前的信用社改革中却是一刀切。

省联社的设计难以适应农村金融需求多样化的需要。以"一刀切"的方式建立县联社和省联社，或许便于对信用社的管理，但是这样的做法也会将风险集中到省和县，中央政府要求改革的风险由省一级承担，但问题是贫穷的省份是否能够兜底。联社体制的弊端是：（1）用管理代替监管，监管者不用承担风险，而管理者却责无旁贷；（2）省联社或许在其他省份适用，但并不适用一些有着多种金融需求形式的省份；（3）省联社的体制将会扼杀金融创新，县联社唯省联社是听，而不是照顾到当地金融的需要，同时，在联社体制下，所有的信用社都无一例外地加入，难以有体制外的竞争，形成了事实上的垄断，而垄断是创新的天敌。

2. 有效竞争的农村金融市场尚未形成，金融抑制还很严重

在我国，市场竞争显著不充分，农村金融抑制仍然严重。这主要表现在贷款利率"一浮到顶"现象仍较重，使得农村利率开放政策很难识别农村金融真实服务成本与农村信用社垄断导致的利率定价过高的差别。

解决小微企业贷款难的问题离不开一个鼓励金融创新、有效监管的金融体系。从全球经验看，要给中小企业提供更好的金融服务，还是需要多一些中小金融机构。何况中国是一个大国，更需要中小金融机构。同时，与大中企业相比，小微企业缺少有效抵押品，需要金融机构针对小微企业特点的信贷模式和信贷产品的创新。总的来说，我国金融业处于相对明显金融抑制状态。监管部门对金融机构监管过严、过细，市场准入条件十分严格，金融创新严重不足。2003年以来，我国的中小金融机构数量明显减少，新成立

的新型农村金融机构也规定必须由符合条件的银行组建。相对于发达国家的金融创新过度,我国的金融创新还明显滞后或者说是严重不足。目前我国金融产品比较少,在证券市场、期货市场、外汇市场和其他市场上,投资渠道都还比较狭窄。金融产品从研究到审批,需要若干年的时间,缺乏一种比较宽松自由的金融产品创新环境。住房抵押贷款证券化研究探索了七年才获得批准开始试点。有些期货产品出台也花了五年左右的时间。类似的例子还有很多。

过分关注风险的金融抑制监管格局形成与我国经济转轨和金融发展历程的经验教训有关。在计划经济向社会主义市场经济转变的过程中,尤其是20世纪90年代初,我国大力发展各种金融机构和金融市场,但由于当时的金融体制还不适应改革和发展的要求,金融法制也不健全,金融监管薄弱,加上经济建设中盲目上项目、铺摊子、经济结构严重不合理,经济效益低下,企业高负债运营,有些信贷资金用于财政性支出,企业、金融机构和社会各方面信用观念淡薄,缺乏金融风险意识,特别是一些地方、部门领导干部金融知识不足,不懂甚至无视金融法律法规,干预金融机构的正常经营行为,造成了大量不良信贷资产。金融市场违法违规行为大量存在,结果发生了很多金融风险,给国民经济和人民生活带来了重大损失,为此党中央、国务院下发了《关于深化金融改革,整顿金融秩序,防范金融风险的通知》,高度重视防范和化解金融风险工作。尤其是亚洲金融危机以后,监管机构的工作重心逐步转移到对金融市场和金融机构的清理整顿上,出台了一系列严厉的监管政策措施,取得了明显的成效,但同时也在一定程度上抑制了金融改革和创新。

继续维持过分重视风险抑制创新的金融体系,已无法满足实体经济需求,更无法适应中国经济转型;直接融资和间接融资扭曲格局无法改变;金融机构仍然要依靠传统业务赢利,难以应对经济周期的冲击。

亚洲金融危机期间，中小金融机构确实出现了一些风险事件。但是我们不能因噎废食，止步不前。2003年，按照全国金融工作会议的部署，人民银行牵头会同有关部门开展了深化农村金融改革问题的研究。在专题研究报告中，人民银行明确提出了一系列的建议：突破现有的框架，推进机构组织创新，同时推进交易工具和业务品种创新；在县域金融机构要有适度的竞争，可新设一些县域小型商业银行，允许民间资本、外资、国际组织资金参股，同时监管部门要制定严格的监管办法；考虑到西部地区部分地方现有的金融机构可持续能力差，应允许这些地方探索新的金融服务形式；允许国际非金融组织开展扶贫性质的小额贷款试点；制定相应法规，规范民间借贷，解决农户和中小企业贷款担保和抵押难等问题。十年过去了，真正意义上的民营银行等新的机构仍不让进。一些同志对允许个人和民营企业成为真正意义上银行的股东持谨慎态度，担心这些企业和个人掏空金融机构。防止这一情况出现关键是要加强对股东的监管，防止关联交易，同时，强化资本约束，采取及时校正措施，建立存款保险制度。当然，我们也要防止出现"一管就死，一放就乱"。一个稳妥的办法是进行试点和创新，并适时加以总结推广。

四、未来农村金融改革的思路与建议

农村金融改革一直是政府主导、自上而下的，正是由于这些问题，才导致了农村金融体系与农村金融的实际需要不相称，改革成效不显著。在农村金融方面，我国目前农村金融改革要解决的主要问题源自传统的金融管理体制，当年设计这种体制的目的是，通过农业银行（发放扶贫贷款）和农信社（发放小额信用贷款）将廉价的资金用于支持农业生产。这样的体制设计，必然要求农村金融体制高度集中、机构设置单一化、管理体制行政化。虽然经过多年的改革探索，我国传统的农村金融体系所固有的若干弊端仍然没有从根本上彻底解决。

农村金融改革是一个系统的工程，仅仅依靠农村信用社的改革是不可能取得成功的。要完善农村信用社治理结构必须要有市场竞争；要有效监管也必须要有竞争的市场，多元化的农村金融需求同样需要多种形式的农村金融组织形式去满足；开放农村金融市场成为解决农村金融问题的关键。近年来的多个中央一号文件则在宏观政策层面确立了农村金融改革的指导思想，为全面建设我国现代农村金融体系新框架奠定了基础。建立一个有效竞争的可持续发展农村金融体系首先必须处理好几个关系。

(一) 农村金融市场开放需要正确处理几个关系

在农村金融改革中必须正确处理以下关系，才能建立有效竞争的、健康的农村金融市场。

农村金融改革的核心是建立治理结构完善的农村金融组织。农村金融交易成本高、缺乏抵押品、风险高，因此，农村金融必须采取不同于城市金融的经营方式，创新是农村金融机构可持续发展的关键。好的治理结构是创新能力的基础。目前，农村金融机构治理结构不完善，是其亏损的根本原因。建立治理结构完善的农村金融组织是农村金融市场开放的关键。

农村金融改革要避免将政府的目标与实现目标的手段混为一谈。政府的目标是解决"三农"问题、增加农民收入，然而实现这一目标的手段却是多种多样的，信贷支农是农村金融机构支持"三农"、服务"三农"的一种形式，但如果将信贷支农作为实现政府目标的主要手段强加给农村金融机构，无疑会加大农村金融机构利润最大化的约束条件，损害金融机构的独立性和效率，也为政府直接干预金融机构运行提供了依据。

农村金融改革必须要重视非正规金融的作用，将非正规金融纳入到整个农村金融体系中。许多研究表明，正规金融与非正规金融之间不仅仅是替代关系，事实上，由于正规金融和非正规金融各有其比较优势，它们在一定程度上还能够起到互补作用。正规金融机构的资金实力雄厚，组织制度完善，经营管理人员的素质相对较高，业务进行有严密的控制程序，因此在提供大额和长期的贷款方面更能体现其优势；而非正规金融由于操作简单易行，其灵活、便捷、小规模等特点以及在信息方面的优势，更长于向居民提供零星、小额贷款。由于正规金融市场和非正规金融市场各自具有比较优势，两者在信贷市场上能够服务不同类型的对象，形成了比较合理的分工。为满足农村金融的多元化需求，引导非正规金融发展是农村金融市场开放的重要方面。

非正规金融的优势体现在以下几个方面：首先，非正规金融的天然优势在于其信息优势。这不只反映在贷款人对借款人还款能力的甄别上，还反映在它对贷款的监督过程中。其次，非正规金融对担保的因地制宜的安排缓解了贫困的农民和中小企业面临的担保约束。此外，在非正规金融市场上，还存在一种社会担保机制。最后，非正规金融的天然优势还在于其交易成本优势。非正规金融机构的操作比较简便，合同的内容简单而实用，对参与者的素质要求也不是很高；此外，非正规金融机构本身具有小巧灵活的特点，以及根据实际情况进行的种种创新，也节省了交易成本。

尽管非正规金融具有上述优势，但我们同时也必须认识到，这些优势是相对的。同正规金融一样，非正规金融同样也受到信息、交易成本因素的制约，这种制约决定了非正规金融活动只能在一个较小的范围内才有效率，导致了非正规金融在规模和范围上的劣势。导致非正规金融范围和规模劣势的因素主要有四个：（1）信息

因素。非正规金融的信息优势与其活动的范围之间存在此消彼长的关系。非正规金融要想实现其信息优势，必须将其活动限制在一定的范围之内，其借贷款活动只能针对少数的对象展开。（2）交易成本。金融活动范围的扩大导致信息优势减弱，势必要求非正规金融机构也要有更规范的管理手段和运行机制，同时还需要有更多的高素质管理者和员工，这就意味着更高的成本。（3）法律上的不利地位。有一些非正规金融活动被政府所限制甚至禁止，因此，经营这类金融业务需要考虑被政府打击的风险。（4）一些非正规金融活动和形式对特定的文化具有嵌入性，这使得它们在某些社会中受到特别的欢迎。

将非正规金融正规化并不是明智的选择。资金互助组织作为一种非正规金融形式，原本其业务范围小，只限于本村会员或生产、流通合作组织，可以利用借款人信息的优势，成功地降低信用风险，但在目前的机制下，没有任何措施能降低市场风险。成立资金互助社如此小的正规金融机构，在全世界也少见。正规金融机构运营成本必然比草根金融高，监管成本也必然高昂。

事实上，国际上已有许多成功经验，通过正规金融与非正规金融的合作，瞄准目标客户。印度国有开发银行——印度农业和农村发展银行（NABARD）是将非正规农户互助组（SHG）与正规金融业务结合起来从事小额信贷的模式。该模式开始于1991年，NABARD通过其员工和合作伙伴（亦称互助促进机构，指基层商业银行/信用社/农户合作组织/准政府机构）对由15—20名妇女组成的农户互助组进行社会动员和建组培训工作，农户互助组内部先进行储蓄和贷款活动（俗称轮转基金，类似国内的合会），NABARD验收后直接或通过基层商业银行间接向农户互助组发放贷款。NABARD对提供社会中介和金融中介服务的合作伙伴提供能力建设和员工培训支持，并对基层商业银行提供的小额贷款提供再贷款支持。在2002—2003财政年度，NABARD共向26万新成立的农户互助组提供约1.6亿美元的新增贷款。截至2003年3月，NABARD已累计对国内1 160万贫困家庭提供贷款，覆盖全国近20%的贫困家庭。

农村金融市场的改革必须正确处理好存量与增量之间的关系问题。2003年以来，改革后的信用社体制具有合作制的外壳（如合作制要求股权较为分散）、集体企业的运作方式（经营者的责权利不统一）和政府的脑袋（管理当局按照政府的目标而不是商业目标管理农村信用社），这样的制度安排在现有的企业理论中是找不到任何根据的。县联社归省联社主管。尽管有增资扩股，有资格股和投资股，但信用社主任和县联社主任仍然由上级主管部门任命，股东无从置喙，股东大会、监事会等成了摆设。由于股东的权利与责任严重不对称，股金变成了定期存款，股东的主要目的是获得贷款上的便利和利息优惠。信用社的激励机制、监督机制、退市机制等与信用社经营息息相关的微观机制在改革设计中几乎没有提及，信用社还是有信贷支农的挡箭牌，道德风险问题仍然没有根本解决。

不重视农村信用社的改革，指望成立新型农村金融机构来解决农村金融问题是望梅止渴。同时，即使建立了治理结构完善的新型农村金融机构，也无法生存。因为信用社存在内部人控制，信用社可能通过恶性竞争，将新型农村金融机构驱逐出农村金融市场，出现劣币驱逐良币。

（二）未来农村金融改革政策框架

1. 农村金融改革必须存量和增量并重，着重解决法人治理结构问题，解决农村信用社和省联社矛盾，平衡好银监会、地方政府、省联社和农村信用社的利益关系

农村信用社、农发行、邮储、农业银行的机构改革是存量改革，村镇银行等新型农村金融机构创新试点是增量改革。有人认

为，农村信用社不行，就引入新机构，来代替农村信用社，实践证明这是行不通的，一个地区如果农村信用社完全不考虑成本，不考虑机构的商业可持续性，就会形成恶性竞争，如果农村信用社不改，新型农村金融机构生存就存在困难。因此，必须存量和增量并重。

区别对待农业银行、农发行、邮储和农村信用社的改革，核心是完善公司治理结构。

农业银行的"三农事业部"无法解决服务"三农"和追求赢利。建议允许私人资金进入农业银行的县域机构，允许农业银行在不同的地方成立不同股权结构的分支机构，使基层分支机构成为真正的利润中心，加强对当地的金融服务。

农发行的政策性业务可以先核定成本，再进行该项业务或服务的招投标，这样，就可以对农发行按商业化机构进行考核，降低可能由政策性业务造成的道德风险。

邮储的公司治理需要完善，建议股权多元化，小贷业务单列。

现有农村信用社改革试点没有完全吸取企业改革中的经验，我国国有企业改革的成功经验是"抓大放小"；而我国乡镇企业改革的成功经验是改制，让企业的经营者拥有相对多数的股份。而现有的股结构过于分散，代理人成本较高，股东或股东代表大会没有意愿、也很难对经营者形成有效的制约。这一情形与早期国有企业和乡镇企业改制时过分强调职工持股的情形十分类似，而这些企业都无一例外地进行了第二次、甚至第三次改制。一个必然的改革方向是允许一部分股东逐步拥有相对控股的位置，将责权利统一于股东，由股东选择符合任职资格的经营者。为防止大股东掏空信用社，需要立法对信用社的主要股东或控股企业进行监管。总之，开放农村金融市场，引进民间资本重组农村信用社是农村金融改革也是农村信用社改革的必由之路。

2. 我国需要分层、竞争、有序的农村金融监管体制

现在的农村信用社改革方案没有完全按照国发15号文要求做，国发15号文规定，审计管理不是由省联社做，应该由监管机构、行业协会等机构来做，为了改革方便，就创造了省联社，省联社既是金融机构，又有管理职能，必然干涉信用社经营。应该设计多元化的改革模式，由地方政府选择，省联社控制了人事任免，导致信用社听省联社的话，不听监管部门的话，也造成了矛盾，因此，应该回归国发15号文要求，把信用社的日常监管交给省联社，金融机构准入管理仍在银监会，实行两级监管，省联社变为省级监管部门，农村信用社继续向法人治理结构方向发展，否则，始终都不能解决省级法人治理结构问题。可考虑建立分层、有序的监管框架。在中央层面，银监会应当负责农村金融机构的准入，同时成立有一定监管权力的独立于监管部门的存款保险机构，负责农村金融机构的退出。在地方层面，建议将地方金融办改为地方金融监管局，将省联社并入地方金融监管局，负责农村金融机构的日常监管。省联社并入地方金融监管局后，以县为单位的农信社可以在地区内跨县经营，降低当地政府干预，这样在一个地市农村金融就存在竞争。监管部门完全按照资本充足率进行监管，对存在问题的农信社采取及时校正措施。此外，农信社高管真正由股东决定，加强其公司治理。

全面认识农村金融市场，除了正规金融机构，还包括非正规金融机构；除了银行，还包括证券和保险，但是，目前农村金融存在过分正规化，这也会有问题，监管应该回归真正的监管，防止与管理混为一谈，同时，应区分审慎监管和非审慎监管。要全面认识农村金融市场，不仅包括农村信用社、农发行、邮储、农业银行、小额贷款公司、村镇银行，而且应该包括农业保险、期货和证券，农民也应该享受多种金融服务，同时，非正规金融也是重要组成部

分，有人认为农村金融机构越大越好，这是一个误区。我们曾到甘肃做过一个调查，银监局在兰州郊区的一个村试点成立了一家资金互助组织，这家资金互助组织有20万元贷款，其中16万元是银监局强迫当地农村信用社放贷给资金互助组织的，同时，为了监管，银监局买了20万元的车，每周去2—3次检查；内蒙古监管机构干脆派人在试点村常驻，这就是让非正规金融机构过分正规化的结果。在青海则甚至出现了资金互助组织要求监管机构送钱，不送就会出问题，监管机构最后送了3万元。可见不能为了试点而试点，对不同的金融组织形式必须区分审慎监管和非审慎监管。金融安全网的构建需要完善的治理结构、适当的监管和存款保险制度，没有完善的治理结构，监管与管理就会混在一起。有人认为农村金融市场不应该开放，因为监管资源不足。我们认为，现在监管存在代替股东管理的倾向，好比警察代替司机开车，再多的警察都不够，警察是制定规则的。监管只有回归真正的监管，金融秩序才会回归正常。

3. 放松农村金融市场准入与建立存款保险制度

从全球经验看，对于我国这样的大国经济，要给小微企业提供更好的金融服务，还是需要多一些中小金融机构。对此，应适当放宽准入许可、放松对民营股东的限制，积极发展社区银行、小银行，包括积极引导民间资本参与小金融机构的并购重组和发起设立。在发展社区银行、小银行的过程中，要考虑可能出现的风险或退出问题。因为小机构在发展过程中难免存在质量良莠不齐的情况，如果风险处置机制和监管力量不到位，可能会形成新的风险隐患。这就需要配合出台存款保险制度，对不同经营质量的金融机构实行差别费率，并采取及时纠正措施，促进形成一个有效竞争、可持续发展的小金融机构体系，丰富基层金融服务和供给。

建议放开农村金融市场准入标准，取消村镇银行必须由银行发起等限制条件，建立真正的民营中小金融机构。实际上，我国农村并不缺少存款服务，真正缺少的是信贷和其他类型的金融服务，因此，建议发展非存款类金融机构，并由地方金融监管局对此类机构进行非审慎监管。这样，不仅可以与现存机构错位竞争，补足金融供给的不足，而且可以减少监管机构的压力。

4. 推进农村金融市场利率市场化改革

农村金融市场利率应该放开，但是要与放开农村金融市场同步进行，否则，低效和高利率会转嫁给农民。

城市的利率已经放开，农村未完全放开，农村信用社还有2.3倍的利率限制。农村金融机构要实现商业可持续，利率也要放开，以覆盖风险和成本，否则，不能实现可持续发展。但是，有人认为农民是弱势群体、农业是弱势产业，应该实行低利率，这实际上把政府目标和政府实现目标而采取的手段混为一谈，原本是想帮助农民，实质可能坑害农民，农民主要是短期贷款，利率水平高，但实际成本并不高，农村也有短期盈利很高的项目，但是，大家的误区是农村盈利很少，正是短期高盈利项目的存在，获得贷款比高利率更重要。但不能一家金融机构垄断，否则，这家金融机构会把低效和高利率会转嫁给农民。当然，如果金融机构充分竞争，高利率是能够下降的。

5. 农村金融市场开放要重视发展非存款类放贷机构

中国农村金融市场并不缺少存款机构，农村金融市场既有农村信用社、邮政储蓄机构，甚至还有农业银行和其他国有商业银行。目前，农村金融机构中，农村信用社、邮政储蓄和农业银行在县城和县以下设有网点。我国农村金融市场缺乏的是贷款机构。因此，现阶段应加快制定《放贷人条例》，重点发展非存款类放贷机构，既可满足农村金融需求，也能适应现阶段我国的监管能力。

为解决非存款类放贷机构后续资金的问题，国际经验清楚地表

明，在小额信贷机构发展早期，权益融资是最主要的形式，随着小额信贷机构的发展，商业借款和其他债务融资工具可以作为权益融资的补充形式。为了帮助小额信贷机构获得银行贷款，可以考虑采取以下措施。可以要求所有商业银行将其贷款组合的一定比例用于小额信贷机构的再融资（这方面的国际例子包括泰国、印度、尼泊尔和美国的社区再投资法）。再融资一定要以效率为基础，可以通过小额信贷评级的方式增加这些机构财务绩效的透明度。

此外，建议地方金融监管局对小贷公司进行金融非审慎监管，地方政府如果财力允许，可考虑财政出资成立批发基金，以相对低的利率向评级较高的小贷公司提供融资，缓解其资金来源不足的压力。

6. 政府要为农村金融健康运行创造良好外部环境

中国政府重视和谐社会建设、社会主义新农村建设和"三农"服务，要求金融机构必须高度重视，积极支持，实际上是把农村金融机构的经营目标与政府目标混为一谈，面向"三农"是政府目标，与金融机构商业运作、可持续发展不能混为一谈，否则就面临很高的风险。由于支持"三农"，金融机构过几年出现亏损，就会说是因为支持"三农"才会发生亏损，就会要求补贴，金融改革就回到了原点。因此，政府目标和政府实现目标而采取的手段必须要分开，否则，道德风险就会很大，同时，将商业性业务与政策性业务混为一谈，不注意处理，也会很容易走回头路。政府对所有"三农"的机构政策应该一致，应针对业务实施激励政策，而不是针对机构实施。

当然，金融机构要市场化、商业化运作，解决服务"三农"问题，还需要政府做一些工作，如农村基础设施建设、清洁水、社会保障等公共基础设施建设应该加强。此外，政府还应该做以下几方面工作：一是引导金融机构加强"三农"投入，如地方政府与人民银行、金融机构继续开展金融生态环境建设，地方政府的权力很大，对区域金融资金的流向作用很大，地方政府通过加强金融生态环境建设、打击农村金融市场逃废债行为，金融机构还是愿意投入农村金融市场；二是在农村金融机构的税收方面提供优惠，降低其经营成本，还可以借鉴美国《社区再投资法》，鼓励金融机构把部分资金用于当地，当然，这种强制金融机构将部分资金用于当地的做法，目前在中国还有争议，需要进一步研究；三是强调社会责任，要从舆论上引导鼓励大型金融机构积极承担社会责任，鼓励它们将一定资金用于农村。

7. 在促进农村经济生产组织化和市场化的基础上，推进农业保险和农产品期货的发展、科技金融在农村的运用和因地制宜的农村金融创新

我们需要在农村经济转型的大背景下重新评估农村金融的供给与需求。目前，农村经济处于转型阶段，农民外出打工已经成为农民增收非常重要的途径，当地老人、妇女、儿童依靠外地汇款生存，千家万户的小额贷款生产向大规模、有组织生产转化，出现了创新组织形式，如专业的组织机构，农村金融机构必须适应贷款的新需求。

在农村生产规模化、专业化、组织化和市场化的基础上，应大力发展农业保险、订单农业、农产品期货。从根本上转变农业生产方式，加快农业生产向大规模养殖、种植的转化，为发展农业保险、农产品期货、订单农业打下基础。鼓励农村金融创新，既要鼓励因地制宜的林权抵押、宅基地抵押、土地流转等各类金融创新，也要鼓励利用高科技手段降低农村金融风险和成本的创新。大力发展手机银行等高科技农村金融形式，从而降低农村金融的成本。

（三）农村金融的改革方式需要改革

上一轮农村金融改革存在扭曲，很大程度是由于机构改革是由

利益相关方制定的和主导实施的。机构改革由第三方,而非利益相关方主导市场化方式的改革是农村金融改革成功的必然选择。

应按照金融分层的原则允许不同形式的金融组织形式平等竞争,通过市场机制选择优胜者。过去的经验证明,政府主导下的合作金融模式是名实难副,同时更赋予合作金融额外的政策性任务,理所当然地认为只有合作金融才能承担支农的任务。事实上,无论是合作金融还是商业金融,只要存在政府干预,都难以可持续发展。合作金融即使勉为其难以信贷支农,其代价必定是非常昂贵的,关键是谁为这一设计"埋单"。在新一轮的金融改革中,不管采取何种形式,政府都不应该先入为主,而应该由市场和投资者来决定哪种形式更适合当地的需要。村镇银行、资金互助会和农村信用社都是监管者闭门造车想出来的昂贵的金融组织形式,难以切合实际。要做到市场化的改革,在设计上、在制度上和在操作上要采取自下而上与自上而下相结合的改革方式,而不能采取上一轮农村信用社改革采取的运动式改革。

中国的农村金融改革需要借鉴农村改革和企业改革的经验,更需要以史为证。农村金融改革要自上而下和自下而上相结合。中国农村改革的成功经验是联产承包责任制,这不是拍脑袋想出来的,是农民先干出来,中央政府再向全国推广的,是一个自上而下和自下而上相结合的产物。同样,农村金融改革还需要吸取企业改革成功的经验。农村信用社本质上说来和乡镇企业相类似,改革经验也很类似。

参 考 文 献

1. 丁为民：《西方合作社的制度分析》，北京，经济管理出版社，1998。

2. 胡祥苏：《交易成本与农民合作化》，载《中国经济时报》，2000－12－20，第五版。

3. 克劳迪奥·冈萨雷斯：《关于利率改革的争论》，载［美］德尔·W. 亚当斯等著《农村金融研究》，北京，中国农业科技出版社，1986。

4. 蓝益江：《论信用合作》，北京，中国金融出版社，1999。

5. 李剑阁：《关于农村信用社改革的几点思考和建议》（内部打印稿），2000。

6. 李玮：《对中国邮政储蓄制度安排的审视与思考》，载《金融研究》，2000（10）。

7. 史纪良：《美国信用合作管理》，北京，中国金融出版社，2000。

8. 徐忠、程恩江：《利率政策、农村农村金融机构的行为与农村信贷短缺》，载《金融研究》，2004（12）。

9. 张晓山：《深化农村改革，促进农村经济发展》，载《中国农村经济》，2003（1）。

10. 中国人民银行合作金融机构监管司：《合作金融参考资料》，2000。

11. Adams, D., Graham, D., Von Pischke, J., 1984, *Undermining Rural Development with Cheap Credit*, Westview Press, Boulder,

Co.

12. Berger, A. N., N. H. Miller, M. A. Petersen, R. G. Rajan, and J. C. Stein, 2005, Does Function Follow Organizational Form? Evidence from the Lending Practices of Large and Small Banks, *Journal of Financial Economics* 76 (2), 237 – 269.

13. Berger, Allen N., and Gregory F. Udell, 2002, Small Business Credit Availability and Relationship Lending: the Importance of Bank Organizational Structure, *Economic Journal* 112 (477), F32 – F53.

14. Berger, Allen N., and Gregory F. Udell, 2006, A More Complete Conceptual Framework for SME Finance, *Journal of Banking and Finance* 30 (11), 2945 – 2966.

15. Besley, T., 1994, How Do Market Failures Justify Interventions in Rural Credit Market? *The World Bank Research Observer*, 9 (1): 27 – 47.

16. Birchall, J., 1995, Celebratory Keynote Address, *Review of International Cooperation*, 88 (1).

17. Freixas, X. and Rochet, J., 1997, *Microeconomics of Banking*, MIT Press, Cambridge, Massachusetts.

18. Friedman, M., 1962, *Capitalism and Freedom*, University of Chicago Press, Chicago.

19. Friedman, M. and Friedman, R., 1980, *Free to Choose: a Personal Statement, Macmillan*, Melbourne.

20. Fry Maxwell J, 1995, *Money, Interest, and Banking in Economic Development*, Second Edition, The Johns Hopkins University Press, Baltimore and London.

21. Jensen, Michael C., and William H. Meckling, 1976, Theory

of the Firm: Managerial Behavior, Agency Costs and Ownership Structure, *Journal of Financial Economics* 3 (4), 305 – 360.

22. Jensen, Michael C., and William H. Meckling, 1992, Specific and General Knowledge, and Organizational Structure, in *Contract Economics*, Lars Werin and Hans Wijkander, eds. (Blackwell, Oxford 1992), 251 – 274.

23. Krugman, P., 1998, What Happen to Asia?, Mimeo MIT, Cambridge, MA.

24. Macpherson, C. B., 1978, *Property, Mainstream and Critical Position*, University of Toronto Press, Toronto.

25. Macpherson, C. B., 1985, *The Rise and Fall of Economic Justice and Other Papers*, Oxford University Press, Oxford.

26. McKinnon, R. I., 1973, *Money and Capital in Economic Development*. Washington DC: The Brookings Institution.

27. Park, Albert, and Minggao Shen, 2008, Refinancing and Decentralization: Evidence from China, *Journal of Economic Behavior and Organizations* 66 (3 – 4), 703 – 730.

28. Petersen, Mitchell A., 2004, Information: Hard and Soft, *Working Paper*, Kellogg School of Management.

29. Stein, Jeremy C., 2002, Information Production and Capital Allocation: Decentralized vs. Hierarchical Firms, *Journal of Finance* 57 (5), 1891 – 1921.

30. Stephen, J. H., 1984, *The Economic Analysis of Producers' Cooperatives*, Macmillan.

31. Thompson, D. J., 1995, The Night the Lights were Lit, *Review of International Cooperation*, 88 (1).

32. Woo Wing Thye, 2003, China's Rural Enterprises in Crisis:

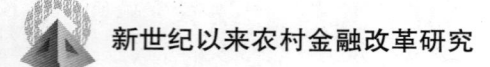

Role of Inadequate Financial Intermediation, *Working Paper*, Economics Department, University of California, Davis, March.

33. Yaron, Jacob, Benjamin, Mcdonald and Grerda, Piprek, 1997, Rural Finance: Issues, Design, and Best Practices, *Environmentally Sustainable Development Studies and Monographs* No. 14, World Bank, Washington D. C.

附录　中国农村金融论坛简介

为推动中国农村金融改革与创新，支持金融服务"三农"和实体经济，中国金融四十人论坛与中国农业银行股份有限公司联合发起成立"中国农村金融论坛"。

作为非官方、非营利性学术研究组织，本论坛致力于农村金融领域的调查研究，为农村金融界官、学、商提供一个专注于农村经济和金融的研究与交流平台，以独立而深入的调查研究和闭门研讨会为农村金融改革献计献策，联合中国金融四十人论坛和中国农村金融学会等各方面资源，共同推动中国农村金融与"三农"发展。

"中国农村金融论坛"采取成员制形式，主要活动包括内部研讨会（季度闭门研讨会与"中国农村金融年会"）、农村经济金融课题研究与调研等。

"中国金融四十人论坛"成立于 2008 年 4 月 12 日，由 40 位 40 岁上下的金融精锐组成，即"40×40 俱乐部"。作为非官方、非营利性金融学术研究组织，"中国金融四十人论坛"以前瞻视野和探索精神，致力于夯实中国金融学术基础，探究金融界前沿课题，推动中国金融业改革实践，为民族金融振兴与繁荣竭尽所能。

中国农业银行股份有限公司是一家面向"三农"、城乡联动、融入国际、综合经营的境内外上市的大型商业银行。作为唯一一家设立"三农金融事业部"的大型股份制商业银行，中国农业银行在服务城市发展的同时，肩负着服务"三农"的神圣使命。